「文化回應教學」與國小讀寫課程設計

黃靜惠‧著

序

　　筆者在民國九十六年八月到屏東縣滿州鄉長樂國小任教,在原住民學校服務已有一年多的時間,目睹本校學生學習成就偏低的情況,內心有說不出的著急,教育是一切的根本,國語又是一切學科的基礎,因此,提升學生國語文能力是我積極努力的目標。滿州鄉有奇特的空間地理(景觀分水嶺、南仁湖、九棚沙漠……)、豐富的自然生態(過山蝦、五月蛙、毛蟹……)與歷史人文(部落圖騰、牌樓、頭目……),因此,研究者以文化回應教學理念進行課程設計,嘗試結合本地豐富自然與人文資源,從學童最原始而直接的生活環境,設計教學課程,藉由文化回應課程,讓學生認識自己的歷史、文物及風俗習慣,以增加學生的在地意識;由視覺化的學習,提高學童的閱讀興趣及理解能力,進而提昇學習表現。

　　筆者把以上文化素材檢選可融入課程的四大類,搭配南一版國小三年級下學期國語課文編選的教材,以附加課程的方式融入當地自然、人文景觀、排灣族文化等素材設計讀寫課程,並以九年一貫課程中的語文領域讀寫課程能力指標為課程設計的基準,配合學校社區文化資源與教學教材等因素來設計課程,具有相當濃厚的地方文化色彩。第一個主軸:排灣族傳統的文物,發展出孔雀王子。藉由排灣族的神話讓學童更進一步瞭解自身的傳統文物——琉璃珠。從第二個主軸:學生的生活經驗,發展出井裡的小青蛙。藉由學童自身的生活經驗,讓學童認識童詩。從第三個主軸:排灣族傳

統的禮儀，發展出排灣族的婚禮。藉由婚禮的介紹讓學童更進一步瞭解自身的傳統禮儀。從第四個主軸：生活空間的認識，發展出美麗的南仁湖。藉由南仁湖的介紹，讓學童更進一步認識本地的自然環境景觀。

經歷課程的設計過程獲致以下結論：

一、在「設計讀寫課程之可行途徑與素材」方面——

(一) 課程內容需增強學生對於生長環境的認識

(二) 教材需融入於學生的生活之中，配合生活經驗

(三) 課程內容融入文化資源

二、在「課程設計方式」方面——

(一) 課程設計應以學生為主體

(二) 學習目標以國語文學習領域的分段能力指標為參照

(三) 注重課程的整體性

(四) 培植學生帶得走的能力

(五) 族群文化藉文化回應教學課程實踐傳承

三、在「教師成長與心得」方面——

(一) 提昇教師的專業成長

(二) 增進教師的多元文化素養

根據結論，分別提出對教育行政機關、學校國小老師以及學校課程發展與對未來研究或教學的建議，文末並交代研究者研究歷程之反思。

回首三年四個暑期的研究所生活，是替自己感到「幸福」的，雖然無法讓自己無後顧之憂的當起學生，但能遨遊在知識寶庫之中，這期間所認識的師長、朋友們似乎就是那把開啟知識寶庫之門的鑰匙，讓我可以學習新知、自我成長。

　　這本小小拙作可以順利完成，最特別要感謝指導教授王慧蘭老師的嚴謹指導。老師忙於行政、教學、家務之餘，還要指導我這個初生之犢，傾囊傳授學生作學問的方法，撰寫過程尊重學生的意見，在在都讓學生念茲感茲於心，謝謝老闆！也要感謝擔任口考委員的陳光明教授以及張如慧教授，對學生論文的詳閱與提供寶貴建言。感謝長樂國小劉慶斌校長，和同事一起包容我在進修期間公務與學業兩頭燒的處境！感謝所上助教祐華與玉蘭，包涵我的不時叨擾與求助！感謝研究所的同窗好友，霏燕、詩恩、珠帆、美慧、婷珊、璧玉、淑芬、意爭、金葉、藻藻……，我們一起度過研究所的酸甜苦辣，全省走透透的讀書會足跡。

　　感謝語教所的洪文瓊老師、洪文珍老師與所長周慶華老師，修課期間對學生的關心、照顧，感謝同學、好朋友們，還有曾經接受我打擾的人，謝謝大家的打氣與加油！

　　最後感謝我的雙親，對女兒的支持與勉勵！小犬均均對自己負責，讓我少了許多後顧之憂。

　　以此書敬獻給在另一個世界的吳英長老師。

目　次

序...i

第 一 章　緒論..1
　　第一節　研究背景...1
　　第二節　研究動機...5
　　第三節　研究目的與問題.............................9
　　第四節　名詞釋義.......................................11
　　第五節　研究範圍與限制...........................13

第 二 章　理論基礎與文獻探討..........................15
　　第一節　文化回應教學...............................15
　　第二節　語文領域讀寫課程實施與教學.............27
　　第三節　課程設計之探討...........................43

第 三 章　研究設計..53
　　第一節　研究流程.......................................53
　　第二節　研究方法.......................................53
　　第三節　研究背景分析...............................56
　　第四節　研究期程的規劃...........................61
　　第五節　課程研究規劃...............................61

第 四 章　在地文化現場素材..............................65
　　第一節　滿州鄉文化素材之分析整理.............65
　　第二節　排灣族琉璃珠與婚禮...................82
　　第三節　融入課程之文化素材...................92

第 五 章　文化回應教學運用於讀寫課程設計 95

　　第一節　研究對象基本能力分析 95

　　第二節　課程設計理念與原則 97

　　第三節　建立目標階段 101

　　第四節　文化回應課程的形塑與活動設計 105

第 六 章　結論、建議與反思 113

　　第一節　結論 113

　　第二節　建議 117

　　第三節　研究歷程反思 121

參考書目 125

附　　錄 133

第一章

緒論

　　本章旨在說明研究問題的形成。全章分成五節：第一節敘述本研究的研究背景；第二節闡述研究動機；第三節提出本研究的目的與問題；第四節詮釋本研究相關重要的名詞釋義；第五節提出本研究的研究範圍與限制。分述如下：

第一節　研究背景

壹、多元文化潮流之衝擊

　　在後現代主義的思潮下，重視多元文化與在地文化的呼聲甚囂塵上，多元文化的包容已是民主國家的重要特徵，全面加強原住民教育與文化工作、尊重文化差異、保存極具價值的少數民族文化資源，更成為當前國家教育文化建議的重要課題。我國憲法第一六九條規定：「國家對各民族之教育文化應積極舉辦並扶持其發展。」憲法增修條文第九條第七項亦明定：「……國家對於自由地區原住民之教育文化應予扶持並促其發展……。」多元文化教育（multicultural education）是美國晚近的一個重要改革運動，強調以教育機會均等為原則，對不同文化族群予於實施反隔離教育、母

語教學及兩性平等教育等教育內容。其教育宗旨至少包含下列數項：一、多元文化知識的教育；二、消弭歧視、敵對心態的教育；三、促進族裔、族群交流的教育；四、提倡地球村觀念的教育（黃慧如，1999）。

黃政傑（1993）又認為：多元文化教育的發展是從民族和種族爭平等開始，再延伸至其他社會不利族群之爭平等。因此多元文化的訴求不只是消極的排除歧見和偏見，更要積極的反映各族群的需求、歷史、文化和觀點，多元文化教育即在透過教育以增進彼此文化的了解，增進互尊互敬，以促進社會的和諧發展（陳枝烈，1997）。而多元文化的倡導，主要在致力於促進不同文化或族群的包容與尊重，進而使社會公平與機會均等的理想得以實現。

貳、原住民教育文化斷層之省思

當前原住民社會所面臨的一個較不易察覺但卻影響深遠的問題，是傳統原住民社會有瀕臨解組的跡象（許木柱，1989）。李亦園（1982）亦認為：在原住民早期封閉社會中，其傳統禮儀、典章、制度、生活習慣、生產方式等文化，均能代代相傳。但在原住民社會逐漸現代化之後，以無法抵擋外來強勢之科技文明，為了適應現代生活，原住民不得不逐漸放棄自己的傳統語言與生活方式，但在漢人強勢支配之下，現代社會的原住民仍是經濟落後、生活水準較低、受優勢文化所支配的弱勢族群。

各族群文化間彼此尊重與包容，常是口號多於行動，林金泡（1997）認為：雖然我們的少數民族教育政策強調與文化融合，但在族群的互動關係中，漢文化向來都未曾放棄其原住民的霸權地

位。由於原住民缺乏進入主流社會的能力，又不能保有民族固有文化特質，形成「民族文化盲」甚至是「文化雙盲」的窘境（瓦歷斯.尤幹，1994）。孫大川（2000）指出，文化斷裂中的教育省思：有關文化和世代斷層的問題，台灣原住民沒有文字，文化的傳承靠口耳相傳和社會制度來支撐，原住民學生進到學校等於與自己的母體文化和部落關係剝離，在雙重文化的認同混淆之中，產生對自身文化鄙視及自卑的心態，族群認同的心理危機相當明顯。因此如何強化學生對自身文化的認同，成為從事第一線教育的研究者所欲努力的方向。

參、對原住民學生學習成就之重視

隨著多元主義及多元文化教育潮流的衝擊下，我國教育界亦致力於多元文化之教育，透過對各民族文化之研究，發展教材教法及設計各式教學活動，以促進全體之文化發展，並增進族群間之和諧（吳天泰，1998）。但陳枝烈（2001）分析各級各類學校教科書內容指出，各版本所編之原住民文化內涵仍多以主流文化為中心的觀點編選，例如對原住民歷史的描述幾乎是依附在主流歷史的脈絡下，著重在學校教育之內容。

根據王天佑（1999）的研究發現：原住民教育水準顯著低於漢人，且呈低度發展的現象。李建興、簡茂發（1992）的調查也指出：原住民國小學生的國語、數學、自然等三科的成績，顯著地低於平地國小學生。在國語方面，平均約低了 15.28 分，而且個別差異比平地學生大；在數學和自然科方面也平均約低了 8.09 和 8.16 分。張春興、林清山（1983）認為從兒童到青年的大約二十年間，個體

的身心特徵隨其年齡與經驗而改變，且早期發展是後期發展的基礎。所以，為了原住民兒童未來的發展，原住民學生的學習低成就問題值得我們重視。

陳麗珠（1993）的研究指出：大部分服務於山地學校的教師，都感受到教材與山地學生的日常生活無法結合，且與山地文化有差距，因而造成學生學習上的困擾。因此，陳麗珠建議在目前統一課程的體制下，教師應多利用各類教材，依學生的程度及認知發展階層，選用適合的內容，供學生學習，使他們亦能由學習中獲得成就感，感受學習的樂趣。

肆、反思九年一貫課程改革和讀寫課程

為了迎接新世紀的到來，政府致力於教育改革，期以提昇國民之素質及國家競爭力。民國八十七年教育部依據行政院核定之「教育改革行動方案」，進行國民教育階段之課程與教學革新，鑑於學校教育之核心為課程與教材，此亦為教師專業活動之根據，乃以九年一貫課程之規劃與實施為首務，國民中小學課程改革尤為要務，而教育部於民國八十九年三月公佈「國民教育階段九年一貫課程暫行綱要」中，將國中小課程分為語文、社會、數學、健康與體育、自然與科技、藝術與人文及綜合活動等七大學習領域，期使國民中小學課程能順應兒童、青少年身心發展需要，並適應時代變遷，九年一貫課程遂於九十學年度開始正式實施。經「國民中小學九年一貫課程暫行綱要」實驗教學後，自民國九十二年元月又公佈了「國民中小學九年一貫課程綱要」。

　　九年一貫列車啟動後，在一連串的課程改革中顯著而又影響深遠的一項改革就是「教材開放」，教材選編的權力下放到了學校和教師，開啟了教師與學生更寬廣的「教」與「學」的空間。九年一貫教育鬆綁，落實對學習者個人學習能力及特色的考量，使教師更有施教的自主權，因地制宜，顯出更為豐富的多元表現。

　　語文是知識的載體，亦是其他學習領域的觸媒（許學仁，2000）。從學習的整體面向而言，語文不是一門獨立的學科，而是牽動著整個學習脈絡，是所有學科學習的基礎，更是培養學生終身「自學」的關鍵能力。教育部頒定的九年一貫課程綱要－國語文綱要，實施要點即明確指出：語文教學以閱讀為核心，兼顧聆聽、說話、作文、寫字等各項教學活動的密切聯繫（教育部，2003）。身為課程改革主角的教師是如何詮釋與轉化教學情境中的課程文本？當我們對這些問題了解得愈深刻，就愈能體會九年一貫課程綱要的理想課程在學校裡真實樣貌的呈現，故欲透過撰寫課程設計，提供落實在教學上的具體作法。

第二節　研究動機

壹、教育現場的觀察──弱勢族群與學生學習成就

　　有許多的研究顯示，學生的弱勢家庭背景和學業成就低落之間有非常強的關聯性，而這對於一個將教育視為基本人權的社會來說，當然是不容忽視的議題。有據於此，教育部在民國八十三年提出「教育優先區計畫」之構想，試圖以「積極性差別待遇」來補償

教育條件居於不利地區之區域或族群，提供其較多的教育資源，以改善弱勢地區之教育環境條件，提升弱勢族群之教育品質。

研究者在民國九十六年八月到屏東縣滿州鄉長樂國小任教，是原住民學生比例偏高（約70%學生為原住民）且偏遠交通不便之學校，正為教育優先區指標學校，到目前為止，教育優先區計畫實行已超過十年，但是弱勢學生的現象不減反增，顯示台灣社會依然面臨社會分化與教育分化的挑戰。在這種社會條件下，教育優先區計畫自有其重要性，研究者可以說就是從這裡開啟了本研究的思考。

研究者在原住民學校服務已有一年多的時間，目睹本校學生學習成就偏低的情況，內心有說不出的著急，教育是一切的根本，國語又是一切學科的基礎，因此，提升學生國語文能力是我積極努力的目標。滿州鄉有奇特的空間地理（景觀分水嶺、南仁湖、九棚沙漠……）、豐富的自然生態（過山蝦、五月蛙、毛蟹……）與歷史人文（部落圖騰、牌樓、頭目……），因此，研究者以文化回應教學理念進行課程設計，嘗試結合本地豐富自然與人文資源，從學童最原始而直接的生活環境，設計教學課程，藉由文化回應課程，讓學生認識自己的歷史、文物及風俗習慣，以增加學生的在地意識；由視覺化的學習，提高學童的閱讀興趣及理解能力，進而提昇學習表現。

貳、符應教育部九年一貫課程改革之政策

學校本位課程發展是九年一貫課程中的重點所在，也是學校整體課程計畫的重點，若依課程綱要來實施，將可展現出各校依學校發展需要所制定的多樣化課程。在國小各領域教學學科中，語文領

域所佔的教學時數仍最高，在國文課文中常提到漢賦、唐詩、宋詞、元曲……等，對原住民而言既無文化認同感，也常缺乏自身經驗可依循，更無法從中探索自己先人的過去，對於課文語意常常是一知半解，面對語意所負載的知識則更是難以吸收。而所有學科中，國語文的學習更被視為其他學科的基礎，如果學校語文課程的學習與生活經驗學習不同，不但造成學習上的適應不良與障礙，對於透過語文學習其他學科知識，也形成極大的學習困擾。因此傳統課程標準的三 R（讀、寫、算）已經被豐富性（rich）、回歸性（recursive）、關聯性（relational）、嚴密性（rigorous）的四 R 所取代（王紅宇譯，1999）。課程的結構，應藉由「適度的」不確定性、異質性方式，提供學生自身歷史的、生活的經驗文本，使其豐富的生活經驗以進入教學歷程。由於原住民語言體系與漢民族不同，原住民兒童在使用母語和國語這兩種語言時，因為有轉錄的困難，對思考與回憶產生混淆和干擾作用，導致學業成績低落，甚至有社會適應不良的現象（任秀媚，1986）。所以欲透過文化回應的課程對自身予以反思，在個人與環境、他人和文化之中取得對話，為經驗重組；在歷史和文化背景中取得自身的關係感，並尋求積極的、有意義的觀念。

參、以文化回應教學設計讀寫課程，提昇學生國語文能力與族群關係

Gay 指出文化是教學的核心，成功的教學必須根植於文化的脈絡之上，然而弱勢族群學習的癥結之一在於文化差異，因此，教師需根據學生的文化差異，進行適性教學（轉引自劉美慧，2003）。「文化回應教學」是一種多元文化的教學，教師以「關懷力量」對弱勢

族群學生抱持高度的期望，課程設計適度地反應學生生活經驗和母文化特質，教學活動應該配合學生的學習式態與溝通方式進行。在包容、平等、安全、尊重的環境中，師生共同建構知識，學習高層次思考，達到知識和情感增能（譚光鼎、劉美慧、游美惠，2000）。

　　文化回應教學是一種重視差異的教學，強調文化是影響學習的重要性，因此文化回應教學在重視「文化差異」的基礎之上，呈現下列特質：1.肯定不同族群文化的特質，2.搭起母文化的橋樑，3.用不同的教學策略，因應學生不同的學習式態，4.教導學生認識自己與他人的文化，5.統整多元文化素材運用到學校的所有科目中等（譚光鼎、劉美慧、游美惠，2001）。文化回應教學之研究開始於1980年代，大多以教室中的弱勢族群為研究對象，運用文化回應的理念設計課程並進行實際的教學，探討文化對弱勢族群學生的學習影響及學生學習低落的原因，研究對象從國小至大學，科目包括語文、數學、科學、社會研究及統整課程等，研究的族群也分為單一族群和多族群。根據國內外學者研究歸納出文化回應教學成功的四個關鍵面向如下：一、回應母文化的課程內容；二、符合學習式態的教學策略；三、平等信賴的師生關係；四、高關懷與高期望的態度（劉美慧，2000；林美慧，2003；李奇憲，2004；林慧萍，2004；林喜慈，2005；歐嬌慧，2005；王雅菁，2006；江瑞珍，2006；賀宜慶，2008；Bishop & Berryman,2002；Hammond,1997）。

　　學校是傳遞主流文化的場所，少數民族學生在進入學校就學之後，難免要面對文化衝突，而產生適應上的問題，唯有突破原住民學校的教學與學習困境，提昇原住民學生的學業成就，他們將來向上社會流動的機會才會更大。而地方，是教育的最佳場所；社區，

則是學習的美好福田。社區有教室，時時可學習；部落有教室，處處皆道場。（余安邦、鄭淑慧，2008）。

肆、以行政人員的角色觀點設計課程，營造學習型團隊

　　研究者在學校所扮演的角色是教導主任，以往的研究大都由「教師」的身分及觀點設計與實踐課程，在本研究中，我想以行政人員的角色觀點，結合地方文化資源，設計一套適合長樂國小三年級的讀寫課程；另一方面，欲改變傳統的金字塔型領導觀念，從營造學習型團隊精神出發，主動與教師教學團隊建立彈性的夥伴合作關係，將「師生教與學的需求」視為主要的服務導向，秉持「行政支援教學，教學配合行政」的原則，使學校行政能成為教學群的最大支援後盾。基於上述的認知，試著將社區自然及人文景觀、部落文化、學生生活經驗與學校課程連結，設計「文化回應統整教學」的課程，期望本課程能提供原住民學校教師教學的參考，協助原住民學生跨越文化差異的鴻溝，進而提昇學生的國語文能力與族群關係。

第三節　研究目的與問題

壹、研究目的

　　綜合上述研究背景與動機，歸納本研究目的如下：

一、落實九年一貫語文領域讀寫課程，以文化回應教學的概念
　　進行課程設計，藉以提升研究者課程設計能力。

二、提供原住民國小教師教學參考，提昇學生的國語文能力與
　　對自身文化的瞭解與認同。

貳、待答問題

根據研究目的，提出以下待答之問題：

一、探討應用文化回應教學，設計國小讀寫課程之可行途徑與
　　素材。

　　(一) 研究者在應用文化回應教學，設計國小語文領域讀寫課
　　　　程可行途徑為何？

　　(二) 應用文化回應教學，研究者所擷取讀寫課程的文化素材
　　　　為何？

二、探討應用文化回應教學，國小讀寫課程的課程設計方式。

　　(一) 應用文化回應教學，設計語文領域讀寫課程時，所應考
　　　　慮的學習目標為何？

　　(二) 應用文化回應教學，設計語文領域讀寫課程時，所應選
　　　　擇的課程內容為何？

　　(三) 如何應用文化回應教學，設計國小讀寫課程時，如何引
　　　　起學生的學習與興趣，並培養學生的閱讀及寫作能力？

三、探究教師在文化回應教學讀寫課程設計，運作過程中的成
　　長與心得。

第四節　名詞釋義

壹、文化回應教學（culturally responsive teaching）

　　文化回應教學在於了解不同學生的學習式態，並以學生的母文化為橋樑，進而教導學生學會思考與批判的能力，重新思考學校的文化，最後教學的目標在幫助學生認同母文化，並學習「跨文化」的知能，以肯定與互相學習的角度欣賞其他文化之美（Gay，2000）。本研究是從原有的語文課程安排中，找出學生生活相關的議題為主軸，進而以相關素材增進學生了解、認同母文化，並增進閱讀興趣及理解能力。

貳、學校本位課程（school-based curriculum）

　　依教育部的解釋：學校本位課程係指學校結合區域特色、資源、家長期望、教師專業及學生能力性向等，自主規劃、實施與評鑑課程的過程與結果，以充分發揮學校辦學的特色，是一種學校自主的課程改革運動（教育部，1998）。本研究所界定的學校本位課程發展，是以學校為主體，以教師為中心，學校情境脈絡為背景，結合校內外文化資源，共同發展適合學校情境的課程。本研究中特別強調以開放空間學校教師為課程發展的主體，試探性的摸索課程發展過程作為本研究探究的焦點。

參、國小語文領域課程

　　教育部頒訂的「國民中小學九年一貫課程綱要」中明確指出，為培養國民應具備之基本能力，國民教育階段之課程應與個體之發展、社會文化及自然環境等三個面向，提供語文、社會、數學、綜合活動、藝術與人文、健康與體育及自然生活科技等七大學習領域。語文領域包括包含本國語文（國語文、閩南語、客家語、原住語）、英語等，本研究所指的「語文領域」界定在本國語文領域的國語文部份。

肆、讀寫課程

　　「教室中的維高斯基：仲介的讀寫教學與評量中」一書中，維高斯基認為學校的讀寫課程教學可以解釋為一種符號仲介活動，鑲置在社會的仲介活動中（谷瑞勉譯，2001）。本研究的讀寫課程指廣義的閱讀，包含了在日常生活當中，閱讀者試圖了解生活中藉由書寫語言或符號所表達的意義，能經由觀摩、分享與欣賞，培養良好的寫作態度與興趣，並能練習運用各種表達方式習寫作文的課程。

伍、課程設計（curriculum design）

　　茲將課程設計定義為課程要素的選擇、安排與組織。其內容包括擬定目標、組織教學活動、執行評鑑等工作，其目的在設計一套課程產品系統，以達到教學目標（黃光雄、蔡清田，1991）。本研究課程設計以學區環境特色、學校教育目標、排灣族文化等素材融

入語文讀寫教學課程，旨在引導學生從最原始而直接的生活環境，閱讀自身文化背景及文學作品，由視覺化的學習，提高學童的閱讀興趣及理解能力，進而提昇學習表現。

第五節　研究範圍與限制

壹、研究範圍

　　本研究對象為屏東縣滿州鄉長樂國小三年級學生，搭配南一版國小三年級下學期國語課文編選的教材，以附加課程的方式融入當地自然、人文景觀、排灣族文化等素材設計讀寫課程，並以九年一貫課程中的語文領域讀寫課程能力指標為課程設計的基準，配合學校社區文化資源與教學教材等因素來設計課程，具有相當濃厚的地方文化色彩。希望藉由學生生活成長的地域空間與生活經驗連結教材，達到閱讀理解之功效。

貳、研究限制

　　基於人力、時間、主客觀條件的因素，本研究將出現下列的限制：

一、研究能力的限制

　　研究能力的培養，非一蹴可及，須經過長時間學習與體驗。基於研究能力的限制，研究期間常與指導教授討論請益，並選修及旁

聽相關學科，以彌補研究能力不足，並參閱很多的相關書籍、期刊、論文以補強自己所能。

二、研究結果的限制

本研究僅取滿州鄉自然、人文景觀、排灣族文化為內容，來探究長樂國小兒童讀寫課程，但卻因研究樣本取樣不足，並不能代表所有的原住民族群，只能闡述為一種教育方法上突破的可能性，也未將課程設計付諸實際教學，僅在於探討課程實施前之設計與規劃教學內容與教學活動之設計，屬於課程設計的研究，本研究教材及課程設計依本校學生特殊需求、配合當地文化資源為主，因此在適用性或類推上有其侷限。本研究最終目的不在於彰顯此教學模式的絕對完善、可行，而是藉由研究成果的呈現，激發教育工作者、家長以及教育當局能重視原住民兒童讀寫發展，並以兒童的文化脈絡作為課程、教材改進的基礎論點。

第二章

理論基礎與文獻探討

本章旨在針對本研究的主題，蒐集與其相關的基礎理論和研究資料，加以整理、分析、歸納與彙整。全章共分成三節，闡述相關理論資料：第一節為文化回應教學；第二節是語文領域讀寫課程實施與教學；第三節的主題是課程設計。謹依節次順序，說明如下：

第一節　文化回應教學

本節旨在歸納整理有關文化回應教學理論的文獻資料，共分為四部分。第一部分是文化回應教學的相關理論；第二部分是文化回應教學的面向；第三部分是文化回應教學的特質；第四部分是文化回應教學課程設計；第五部分是文化回應教學課程設計的實例。

壹、文化回應教學的相關理論

Gay（2000）指出文化差異是造成少數族群學業成績低落的原因，社會建構論以社會互動的模式，替學生搭起學習的鷹架跨越文化差異造成的學習障礙，達成提升少數族群學習成就的目標。文化回應教學的理論基礎主要奠基於文化差異理論與社會建構論，分述如下：

一、文化差異理論

　　文化差異是多元化的社會的本質中，是普遍存在於多元社會之中，各族應自然展現文化特質、呈現其文化的多樣面貌。但因某一文化族群的霸權或誤解，造成不同程度的文化衝突，輕者歧視偏見，重者對立衝突。然而在主流族群的霸權思想、種族中心主義或同化的族群關係的影響之下，使得少數族群在進入學校主流文化時，必須面對文化刺激不足造成「文化剝奪」或族群差異產生「文化矛盾」等種種在學習與適應上的問題。Portes（1996）認為少數族群學生在成就上的差異不能以「不足」來論斷，而應該從「特殊文化條件」（particular cultural conditions）的差異觀點切入，因為每一個族群的文化背景與歷史不同，會形成不同體系的兒童，這種文化特殊性在兒童從事閱讀寫作學習時，尤為顯著。因此文化差異學生的差異是採取的是一種文化相對觀的態度，非族群優劣的問題，學校教育應該能反應少數族群學生的文化，採取能和少數族群學生文化配合的教學策略，以提昇少數族群學生的學習動機和學習成就（李苹綺譯，1998）。

　　文化差異是如何影響個人與外界的互動，其影響有下列五個因素（陳枝烈，2002）：

　　第一、社會化的過程：社會中對兒童的教養愈趨向控制模式，則兒童的學習愈傾向情境依賴（field dependent）。

　　第二、社會文化的緊密度：社會結構的建立愈是利用壓力而使其趨於一致，正如高脈絡文化，則其人民愈傾向情境依賴。

　　第三、生態的適應：某些社會的生活方式仰賴對環境的銳利觀察，以求得生存。

第四、生物的影響：意指營養、生理的發展及左右腦發展對於學習有影響。例如有些研究指出，缺乏蛋白質營養的兒童較傾向情境依賴。

第五、語言的運用：特別是指運用讀寫能力的社會，現代社會強調讀寫的能力，著重書寫的語言，但是傳統的社會（指用文字表達以前的社會），則強調模仿與觀察的直接經驗。

依上述五個因素可知，文化對學習的影響甚鉅，然而在一般教學上卻容易被學校與教師所忽略。因此文化回應教學在重視「文化差異」的基礎之上，呈現下列特質：1.肯定不同族群文化的特質，2.搭起母文化的橋樑，3.用不同的教學策略，因應學生不同的學習式態，4.教導學生認識自己與他人的文化，5.統整多元文化素材運用到學校的所有科目中等（譚光鼎、劉美慧、游美惠，2001）。以多元文化的課程內涵和學生的生活經驗產生連結，目的在減少「文化差異」對弱勢族群學習造成學習障礙，讓弱勢學生也能享有獲得高階知識的權力與機會（何縕琪，2005）。

二、社會建構論

前蘇俄心理學家 Vygotsky 認為個體的發展受社會文化所影響，即如果學校的學習抽離社會文化的因素，個人的學習就無法發展。以下說明 Vygotsky 的理論概念在教學上的應用：

（一）內化作用

人的心智成長開始於人際互動，透過語言，進入到個人內在的思維，此一過程稱之為內化過程。內化並不是直接將外在接觸的聽聞，複製到人的內在的過程，而是透過語言的中介將外界的事物轉

介所聽、所聞、所說的內容加以整合，經過漫長的轉化、吸收進而達到心智結構的轉變。Daniels 將內化的概念整合如下（賴淑媛，2003）：

    1.內化並不是完全複製外在事物的過程。

    2.內化中所討論的外在事物主要在強調社會的互動。

    3.完成內化的主要機制在於符號的使用。

    4.意識的內部層面因其源起，所以具有「擬似社會」的特性。

（二）近側發展區（the zone of proximal development，簡稱 ZPD）

Vygotsky 將 ZPD 定義為「一段距離－介於由獨自解決問題，所顯示的實際發展能力，經由成人指導或能力較高者的同儕合作來解決問題，所顯示出的潛在發展之間的距離，就是近側發展區。」（谷瑞勉譯，1999）。近側發展區的兩個重點觀念：其一為發展的兩個層次，兒童獨立解決問題的實際發展能力層次與潛在的發展層次。其二兒童解決問題的能力的提升在於成年人的指導或與能力較佳的同儕合作之下產生。因此教師必需先瞭解學生的實際發展水準（起點行為），透過社會對話給予引導與協助，中介兒童表現出潛在的發展水準，引導出高層次能力的發展。

（三）鷹架作用

鷹架意義指：在 ZPD 中，成人或能力較好者給予協助，鷹架即支持孩子努力的系統，融入孩子的需求，提供溝通及精熟活動的能力，並在能力增加時讓孩子負起更多的責任（谷瑞勉譯，1999；賴淑媛，2003）。因此，在 ZPD 中，要引發兒童潛在發展水準，就必須先瞭解實際的水準為何，兒童才能在「學習－發展」

不斷的互動中，漸次提升（賴淑媛，2003）。其理論的重點有以下三點：

1. 教師或有能力的同儕引導學生進行超越其現有能力的活動。
2. 在互動的情境下，學生可以進行一種超越自身理解外的活動。
3. 經由語言溝通與互動過程，學生逐漸能單獨完成工作。

貳、文化回應教學的面向

Gay（2000）認為文化回應教學強調課程與教學模式應與文化相結合，強調學校單位應接受及重視族群文化，學校教育唯有適度地反映出學生母文化才能使少數族群學生學習經驗更具個人意義，少數族群學生學習動機與學業成就才得以提升。故 Gay 將文化回應教學歸納出的四個面向，分別為：

一、關懷的力量

強調教師態度、期望與行為，對學生學習的影響。教師應該以高度期望的態度肯定每位學生的價值與潛能。關懷的教學乃以學生為主體性，不只重視學生的學業，也要重視學生道德、社會以及文化各層面的發展。此外，教師期望對學生的學習有顯著影響，當教師的期望越高，學生的表現越好；而教師期望與專業效能正相關，專業效能愈高的教師，對學生期望愈高，故教師應該充實多元文化教育的相關知識、培養自我及專業覺察能力、透過文化議題的對話，了解學生差異，給予適切的協助與關懷。

二、教室內的文化與溝通

有效的溝通不僅是教學目標，也是教學策略。尤其是語言的形式與內涵反映出說話者的信念、價值與需求，溝通模式不僅呈現出說話者不同的文化特質，相對地影響其學習上表現。因而 Gay 建議教師應該主動瞭解學生的溝通模式，善用不同的溝通技巧與學生建立積極正面的互動關係。

三、課程中的族群與文化多樣性

學校的課程應涵蓋弱勢族群的文化、貢獻與觀點，提供多樣且正確的族群知識與訊息，以消弭族群間的偏見歧視，並增加其他族群對少數族群的瞭解和尊重。此外，少數族群學生透過文化回應的教學活動與溝通模式，有助於提升其學業表現，讓學生有真正的能力建構自己的學習。

四、教與學的文化一致性

Gay 建議採用「合作學習」來解決教室內弱勢族群不同學習型態的問題，因為「合作」是與許多弱勢族群共同珍視的文化價值和學習特質之一，教師可利用異質性分組與動態學習歷程提升學生學業成就。

而 Wlodkowski 與 Ginsberg（1995）提出文化回應教學的四大面向，包括：建立包容（establishing inclusion）、發展態度（developing attitude）、提升意義（enhancing meaning）與培養能力（engendering competence）等。此四大面向詳細說明如表 2-1 所示：

表 2-1　Wlodkowski 與 Ginsberg 文化回應教學的四大面向

面向	規準	條件	方法
建立包容	尊重相互依賴	• 強調課程與學習者經驗的連結 • 教師不是知識的權威 • 強調合作 • 肯定學生改變的能力 • 公平而無歧視地對待每一位學生	• 合作學習 • 寫作團體 • 分享
發展態度	相關自我決定	• 教學與與學生的經驗及先備知識相連結 • 鼓勵學生依據自己的經驗、價值及需要做決定	• 問題解決教學 • 多元智能教學 • 學習型態 • 做決定
提升意義	參與挑戰	• 鼓勵學生挑戰高層次思考與分析議題的學習機會 • 學習者的經驗及語言應被重視	• 角色扮演 • 真實性學習 • 個案探討
培養能力	真實性效能	• 評量過程與學習者的世界、參照與價值連結 • 重視多元評量 • 強調自我評量	• 回饋 • 真實性評量 • 自我評量

資料來源：引自譚光鼎、劉美慧、游美惠（2000）。《多元文化教育》（頁 239）。

　　Richard、Brown 與 Forde（2007）整理諸位學者的論點，提出文化回應教學包含制度、個人、教學三個面向。

一、學校體制

　　應從三個層面來著手：1.學校組織——硬體設備、教室布置、校園空間都需與不同文化產生連結。2.學校決策與執行步驟——學校的各項服務都應符合各種不同背景學生的需求。3.社區介入——家庭、社區資源主動介入學校活動。

二、教師個人

成為文化回應的教師其方法如下：1.從事省思和寫作，2.探索個人及家族歷史，3.認可不同族群間的互動關係，4.學習不同族群的歷史與生活經驗，5.拜訪學生的家庭與社區，6.拜訪或閱讀成功教師的教學場域，7.欣賞不同族群，8.參與學校體制重建。

三、教學實施

屬於文化回應的教學策略有：1.認同學生的差異性與共同性；2.在班級經營與教材使用上接受學生文化認同；3.教育學生認識生活周遭不同族群的世界；4.提升學生之間的平等與尊重；5.有效評量學生的能力與成就；6.培養學生彼此、家庭、社區之間正向的互動關係；7.鼓勵學生積極參與教學活動；8.鼓勵學生批判思考；9.追求超越自己與追求卓越；10.協助學生培養公民意識。

教師從事文化回應教學時，應該積極地學習與充實有關少數族群的知識，唯有老師的文化知覺不斷增高，對少數族群的偏見誤解才能逐步減少，當學生充分的被尊重，他們才能獲得真正的學習。

參、文化回應教學的特質

Gay（2000：29-36）認為文化回應教學有六個特質：

一、有效性（validating）

文化回應教學中要達到有效教學的目的，需符合以下五點特性：

(一) 承認少數族群文化的合法性，重視文化對學生個性、態度及學習的影響，並認為在課程中教導文化有其必要性。

(二) 在家庭與學校經驗之間搭建一座有意義的橋樑，使抽象性的知識能與真實的社會文化連結。

(三) 運用多元的教學策略，以因應學生不同的學習風格。

(四) 教導學生認識並欣賞自己及他人的文化。

(五) 在學校所有科目及教學技巧中，融入多元文化的資訊、資源與教材。

二、全面性（comprehensive）

文化回應教學主要的目的在於增進學業成就、協助少數族群學生的認同感、維繫族群及社群關係、發展忠誠、友愛之共同體的感覺，最後獲得族群的成功之全面性教學。

三、多面性（multidimensional）

多面性的文化回應教學強調課程內容、學習脈絡、教室氣氛、師生關係、教學技巧及評量表現，這種教學法要成功，就需要運用到各式各樣的文化知識、經驗、貢獻和觀點，並對少數族群在情感、信仰、價值觀、民族精神、觀點及情感的實際訊息進行檢視。

四、增能（empowering）

文化回應教學以學生為中心，學生是教學的主要目標，是知識的消費者與生產者，且具有增能的特色，能使學生成為一名成功的學習者。增能的方法是透過社會及個人（教師、同儕）的支持，教導低成就學習者較高層次的學業技能及學習的方法，包括在教學中

強調學生的參與、提問、決解問題、多元文化、對話、去社會化、民主、學科統整及主動學習等能力。

五、轉型（transformative）

文化回應教學挑戰傳統教育習慣，認為對少數族群學生應該用更尊重的教學方法。因此教學策略是根據學生的學習特質加以轉化，學業成就和文化意識同時在學習中被開展，如此轉化的課程能讓學生增能，在學業上獲得成功。轉型觀具有雙重的任務：一是在傳統教育的課程內容及教學中，正視並超越文化霸權。二是在學生中發展社會意識、知識份子的批判力及政治和個人的效能，以對抗偏見、種族主義和其他型式的壓迫及剝削。

六、解放（emancipatory）

文化回應教學是解放的，它將學生從主流知識的規範及認知方法的束縛中解放出來，提供學生學習不同族群文化的機會。這樣解放的自由，能讓學生在學習上更聚焦，課業上更專心，並能促使學生多方面的成就，揭開學校中教導某部份絕對權威的學者所謂的真理之面紗。

肆、文化回應教學課程設計

文化回應教學是多元文化教室中有效的教學取向，多元化課程設計更是文化回應教學成功的關鍵。Bank 於 1995 提出多元文化課程架構的四種模式，分別為：貢獻模式、附加模式、轉型模式、社會行動模式，各模式內容如下：

一、貢獻模式

　　未改變主流課程的基本模式、目標、特徵，將少數族群的節慶、英雄或片段文化加入主流，其優點為簡單易實施；缺點為學生未能完整學習族群文化的全貌。

二、附加模式

　　未變更主流的課程結構和內容，加入族群相關的內容、概念、主題和觀點。其優點為不需重新建構課程架構，省時省力，也不需額外訓練師資；缺點為以主流的觀點看待少數族群的文化內容。

三、轉型模式

　　改變課程的典範基本假設，讓學生從不同族群文化的觀點，探討概念、問題和事件，並理解知識是會建構的。培養學生批判思考的能力。其優點為融入不同的觀點，參考架構和族群文化的內容，讓學生了解整體文化的形成性質與貢獻。達到減低偏見、族群自覺的目的；缺點為課程改革工程浩大，成本較多，困難度較高。

四、社會行動模式

　　包含所有轉型模式的要素，並增加學生對討論過的概念和議題，做成決定和採取社會行動。其優點為培養學生從批判思考、作決定、團隊工作和社會行動實踐的能力；缺點為工程浩大，教師須具備良好和專業的素養，才能協助學生處理社會議題（譚光鼎、劉美慧、游美惠，2000）。

這四種課程模式分屬於不同的層次，且實施難易程度也有差別。目前國內的研究較多採用貢獻模式與附加模式，因為這兩種模式對現有的師資、教材、行政等層面衝擊較小，實施較容易。但轉型與社會行動的課程模式對族群的議題能提供系統性課程，且以深入客觀方式探討，讓學生從批判思考中作決定，並實踐於社會行動之中，才能更有效且全面的培養學生能力，解決少數族群在學習與社會適應上所遭遇的困境。

伍、文化回應教學課程設計的實例

近年來以文化回應教學課程設計的實例不勝枚舉。例如：乾華國小位於台北縣石門鄉，是一個依山傍水的鄉下偏遠小學，茶是石門鄉最重要的經濟作物之一，當地盛產鐵觀音茶，乾華國小擁有一塊全台北縣唯一的茶園，教導學生認識茶葉種類、採茶及製茶的過程與技術等等茶園相關知識，使得茶園教學成為該校教學特色。乾華國小將在地資源轉換成有利於學生感知的結構性情境，使學生藉由具體而直接的經驗，主動建構自己的知識與價值；不僅拉近了學校與社區的距離，學生對社區的認同增加了，能力也獲得更多元的展現。

然而這些文化回應教學課程設計，大部分融入自然與生活科技、社會與藝術與人文的領域中，較少以語文領域為主軸，研究者基於教育現場的需求及有限人力下的情況下，本研究採用附加模式，以當地文化脈絡為基石，配合課本單元主題與分段能力指標，設計一套為本校三年級學童所量身訂做的讀寫課程，期能增進學生的學習興趣進而提升學生的語文能力。

第二節　語文領域讀寫課程實施與教學

　　本節旨在歸納整理有關語文領域讀寫課程與教學行為的文獻資料，共分為三部分。第一部分是國語文領域的基本概念與內涵，第二部分是閱讀理解的理論基礎與相關論述，第三部分是寫作的理論基礎與相關論述。

壹、國語文領域的基本概念與內涵

　　九年一貫課程的發展，從課程標準轉變為課程綱要，從抽象目標變成能力培育，從分科知識轉變為課程統整，從單兵作戰到協同教學，從紙筆測驗到多元評量。國家課程轉變成學校本位，從行動研究到同儕成長，從新興課目到新興議題，從學校包辦轉變到家長參與（張志明，2004：31-33）。這些思考對國語文課程及教學思維產生深遠的影響。

一、語文領域之基本概念

　　「國民中小學九年一貫課程綱要」中言：為培養國民應具備之基本能力，國民教育階段之課程應以個體發展、社會文化、自然環境等三個面向，提供語文、健康與體育、數學、社會、自然與生活科技、藝術與人文、綜合活動等七大學習領域。

　　語文領域包含本國語文（含鄉土語文）、英語、外國語，注重對語文的聽、說、讀、寫、基本溝通能力、文化與習俗等方面的學習。從語文學習領域的基本理念及本國語文學習的基本理念二方面分析如下：

（一）語文領域學習的基本理念

根據教育部（2003）「國民中小學九年一貫課程綱要」，分析語文領域學習的基本理念包含如下三點：

1. 語文是學習及建構知識的根柢，語文學習應培養學生靈活應用語文的基本能力，為終生學習奠定良好基礎。

2. 語文是溝通情意、傳遞思想、傳承文化的重要工具。語文教育應提昇學生思辨、理解、創新的能力，以擴展學生的經驗，並應重視品德教育及文化的涵養。

3. 為拓展學生多元視野及面對國際思潮，語文學習領域包含本國語文、鄉土語言及英語的學習。以本國語文為基礎工具，宜循序漸進，培養學生具備：聆聽、說話、閱讀、作文、注音符號應用、識字及寫字的基本能力。鄉土語重在日用溝通，以聽說為主、讀寫以輔。英語國小階段以聽說為主，國中階段則聽、說、讀、寫並重。

（二）本國語文學習的基本理念

國語文學習的基本理念旨在培養學生正確理解和靈活應用本國語言文字的能力。期使學生具備良好的聽、說、讀、寫、作等基本能力，並能使用語文，充分表情達意，陶冶性情，啟發心智，解決問題。並培養學生有效應用中國語文，從事思考、理解、推理、協調、討論、欣賞、創作，以擴充生活經驗，拓展多元視野，面對國際思潮。進而激發學生廣泛閱讀的興趣，提昇欣賞文學作品的能力，以體認中華文化精髓。同時引導學生學習利用工具書，結合資訊網路，藉以增進語文學習的廣度和深度，培養學生自學的能力（教育部，2003）。

二、語文領域（國語文）教學之內涵

根據「國民中小學九年一貫課程綱要」（教育部，2003）語文學習領域實施要點，就國語文教學的內涵做以下之敘述：

（一）注音符號

1. 教材編選原則：以培養學生正確注音、熟悉拼讀為重點；以學生日常生活經驗為中心，配合語言情境，提供完整情境之插圖，引導學生由說話進入符號學習；由易入難，循序漸進，由完整語句入手，進而分析、辨認符號的音、形，並練習拼音。
2. 教學原則：第一學年前十週，採綜合教學法教學，認識用注音符號拼成的完整語句，進而由語句分析出語詞，由語詞分析出單字，由單字分析出符號，認讀符號後，再練習拼音；練習拼讀時採「直接拼讀法」，看到注音符號後，直接讀出字音，再用反拼法複習；善用教學媒材，提供充分練習機會；利用聯絡教學及統整教學，擴大學習領域，擴展學習空間。
3. 學習評量：評量其正確認念、正確拼音外，更宜結合聽說、閱讀、作文等基本學力表現，配合階段能力指標，著重綜合應用能力之評量。

（二）聆聽

1. 教材編選原則：以閱讀單元及相關語料為基礎，配合聆聽要點（語音、語氣、語調、立場、主題等）、聆聽方法（把握要點、記憶、紀錄、歸納、組織、分析、推斷、思辨、評價、

計畫、反應等）、聆聽媒材等，由淺入深，分派於各冊各單
元中。

2. 教學原則：採隨機教學，指導學生養成良好聆聽態度和禮
貌；引導學生聆聽實應掌握中心思想；能分辨不同說話語
氣，並判斷訊息的正確性；聆聽後能覆述重點，並能有條理
的回答問題。

3. 學習評量：參考能力指標，就態度、主題掌握、內容摘記、
理解程度、記憶能力等要點進行評量。

（三）說話

1. 教材編選原則：以閱讀單元及相關教材為基礎，配合說話要
點（語音、語調、速度、語彙、句型、立場、主旨題材、時
間控制等）、思維方法（演繹、歸納、類比等）、組織結構、
說話方式（提問、報告、故事講述、會話、問答、討論、演
說、辯論、表演等），由淺入深，通盤規劃，分派於各冊各
單元中；隨機教學的教材應採「先說再寫」之原則，配合閱
讀活動（講述大意、說明要點、口頭句型練習、課堂問答、
課堂討論等）進行。

2. 教學原則：培養學生發表的興趣和信心，使學生有普遍練習
表達的機會；配合學生生活經驗，及常用語彙、句型，組成
基本句型練習；引導學生表達自己情意，語氣連貫，語意清
晰，表達流暢，快慢適中；指導學生掌握不同溝通表達方式
的特質。

3. 學習評量：參考階段能力指標，就儀態、內容、條理、流暢、
反應、語音、音量、聲調等要點進行評量。

（四）閱讀

1. 教材編選原則：宜涵括古今中外，及鄉土文學中具代表性的作品，以增進學生對多元文化的認識、了解及尊重；生字和課文字數應就難易程度，適當分配；配合教材內容、學習需求，提供合適之插圖或圖表；第一階段圖文篇幅比例，各佔一半為宜。

2. 教學原則：依文章的性質類別，指導學生運用不同閱讀理解策略；課文教學要先概覽全文，然後逐節分析，先深究內容，在探求文章的形式，進而能欣賞修辭技巧、篇章結構，乃致其內涵特色、作品風格；掌握不同文體閱讀的方法；指導學生了解課文內容布局的組織安排，並理解不同語言情境、字詞間和文意的轉化；引導學生閱讀不同文化背景、不同族群的文學作品，培養學生對多元文化的尊重與關懷；指導學生熟練應用工具書、電腦網路，蒐集資訊，廣泛閱讀，以養成主動探索研究的能力。

3. 學習評量：參考階段能力指標，檢覆其文字理解與語詞辨析、文意理解與大意摘取、統整要點與靈活應用、內容深究與作品感受等向度進行評量。

（五）識字與寫字

1. 教材編選原則：掌握基本識字量三千五百字到四千五百字，依學習難易，作循序漸進的安排，第一階段識字教學，採部首歸類，第二、三階段則配合簡易六書常識，輔助識字，識字教學的第一階段應著重部首與字義、筆畫與筆順、字形結

構、生字組詞之應用能力（組詞、造句），並配合寫字教學，以確實認識字體，把握字音，理解字義，擴充詞彙；寫字教材應配合單元教材習寫之生字為基礎，硬筆與毛筆並重，循序安排基本筆畫、筆形、筆順、筆畫變化、間架結構等練習，由淺入深，由簡而繁，全程規劃，並引導正確寫字姿勢及執筆方法。

2. 教學原則：識字教學應配合部首、簡易六書原則，理解其形、音、義等以輔助識字；寫字教學應依據寫字基本能力指標，規劃教學內容，以培養學生的寫字知識、技能、習慣、態度，並以鑑賞與實用為重心；硬筆、毛筆寫字教學，應就描紅、臨摹、自運與應用等進階，作適切的安排。

3. 學習評量：識字及構詞能力，宜配合閱讀及寫作教學評量，以了解其文字理解及應用詞彙之能力；書寫能力的評量，參考階段能力指標，兼顧技能與情意，並考察正確及美觀，考察項目和內容，根據寫字基本能力標準或「語文基本能力量表」，選擇適當的方法評量。

（六）寫作

1. 教材編選原則：配合單元教材及相關教材，以學生生活經驗為中心，引發學生習寫作文之興趣，聯繫作文基本練習（造詞、造短語、造句、句子變化），敘寫技巧（擴寫、縮寫、續寫、仿寫）及寫作步驟（審題、立意、選材、組織、修改、修辭等）配合習作、寫作練習；學生需要、季節時令、生活環境，以啟發學生之創意，並設計不同題型，以供學生練習。

2. 教學原則：重視學生自身經驗與感受陳述，第一階段寫作訓練，著重學生興趣的培養，由口述作文開始引導，第二階段引導學生主動寫作，並與他人分享，由口述作文轉換成筆述作文，第三階段培養學生樂於發表的寫作習慣，熟練筆述作文；就主題、材料、結構，配合語言詞彙的累積與應用，逐步認識各類文體，並依難易深淺，全程規劃，序列設計，分類引導，反覆練習；指導學生明瞭並能運用收集材料、審題、立意、選材、安排段落、組織成篇、修改等寫作步驟。

3. 學習評量：依階段能力指標，就創意、字句、取材、內容、結構、文法、修辭、標點等向度，自訂量表進行評量。

　　許學仁（2001）以為：語文是學習及建構知識的根柢，語文學習應培養學生靈活應用語文的基本能力，為終身學習奠定良好基礎。語文教育應提升學生思辨、理解、創新的能力，以擴展學生的經驗，並應重視品德教育及文化的涵養。本國語文為基礎工具，宜循序漸進，增益學生語言對應與溝通能力，以奠定學習基礎。因此，國語文領域旨在培養學生具備：注音符號應用、聆聽、說話、閱讀、作文、識字及寫字的基本能力。由聆聽到說話能力，培育孩子口語表達能力由識字與寫字到閱讀、寫作能力，以培育孩子書面表達能力，最後達到語文表達與應用能力的學習。

貳、閱讀理解的理論基礎與相關論述

　　以下將介紹閱讀理解的理論基礎與相關論述，分為四部分來說明。第一部份是閱讀的定義，第二部份是閱讀的歷程，第三部份是閱讀的歷程模式，第四部份是有效的閱讀理解策略教學與相關研究。

一、閱讀的定義

Goodman 指出閱讀不是在讀字而已，而是理解書面文章意義的歷程。讀者在理解文章而且為了要理解，他們必須把文章裡的語言線索和他們是如何運作的知識結合起來，是動態歷程（洪月女譯，1998）。學者對於閱讀理解的定義分成廣義和狹義的定義，閱讀是透過文字獲取意義的過程。李連珠（1992）指出從狹義的觀點來看，閱讀為「文字的辨認」或「轉換文字為口語語言」，即一般的認字；從廣義的觀點來看，閱讀為「獲知資訊」的過程。廖凰伶（2000）綜合學者對於閱讀的定義歸納得知，狹義的閱讀指的是只有文字上的閱讀，廣義的閱讀則包含了在日常生活當中，閱讀者試圖了解生活中藉由書寫語言或符號所表達的意義。

二、國民中小學九年一貫課程綱要之閱讀能力分段能力指標

根據「國民中小學九年一貫課程綱要」（教育部，2003）中關於閱讀能力的分段能力指標說明如附錄一。

三、閱讀的歷程

閱讀的歷程主要包含了認字與理解兩部分，以下針對此兩部分說明。

（一）認字

柯華葳（1999）認為識字是閱讀理解的基礎，識字的成分包括字型辨認、字音辨讀、字義搜尋。Bender（1995）認為認字的成分分別是全字形的辨識、語音、字形與語音的結合。洪碧霞、邱上真

（1997）指出識字是指在單獨或孤立情境下辨認字彙的形、音、義。賴惠鈴、黃秀霜（1999）指出認字是只看到一個字，可以認清字形、確認字音，而且可以了解該字的字義。由上述歸納出認字的成分主要是字音、字形及字義的辨識。

（二）理解

Gange 等人於 1985 年提出的閱讀理解相關理論當中，其閱讀理解歷程可以區分四個子群，此四個子群分別為解碼、文意理解、推論理解、理解監控，敘述如下：

1.解碼

解碼是指破解文章中印刷的字，使之產生意義。可分為比對和轉錄兩種歷程。比對是將外在新字的字形與長期記憶中的字形相比較對照，不需要經過唸出聲音或猜測，就能直接觸接字義的歷程。相反的，轉錄是看到單字，先把他的音唸出來，再依字音活化長期記憶中的字義。

2.文意理解

包括字彙接觸與分析，字彙接觸係指閱讀時能夠確認字彙的意義；分析係指依據語法結構適當排列形成命題的過程。文意理解實際上可以包括兩部份：第一部分是字義取得：字義取得是解碼的最終結果，從字義中選取合於上下文的解釋。第二部分是語法分析：指能依字序、文法、語意等關係組合成一命題，運用語言之句法學（syntatic）原則，確定字組的意義和身份（如：主詞、受詞、名詞）。

3.推論理解

包括統整、摘要與詳細論述。統整指將概念或命題整合在一起形成一個較複雜的概念；摘要指閱讀之後能夠找出該段文章的重點、大意或架構，摘要需要的能力包括對文章結構的了解以及文章相關的知識；詳細論述指閱讀者將新閱讀的訊息與本身已有的知識統整結合，並給予閱讀的內容添加或修飾的過程。詳細論述中有下列四種類型（岳修平譯，1998）：

類型 1，「舉例」：提供一個一般種類的例子。

類型 2，「延續句意」：對故事做延續。

類型 3，「描述細節」：加入細節的部分。

類型 4，「類比」：能類推到別的情境。

4.理解監控

理解監控屬於「讀者後設認知」的部份。係指閱讀者在閱讀時監控、注意自己是否理解閱讀內容的歷程，包括目標安排、策略選擇、目標檢核與修正等，理解監控的功能在確保讀者的閱讀既有效率又能有效能，屬於閱讀理解的最高層次。

四、閱讀的歷程模式

閱讀歷程十分複雜，較常見的歷程模式如下：

（一）由下而上的模式

又稱為資料導向模式或稱為文章本位模式，由下而上的模式認為閱讀理解的主角是閱讀的材料，認為兒童閱讀應從識字開始、接

著認詞、句子、段落而理解全文。以 Gough（1972）為代表，他認為閱讀歷程是一連串的步驟所組成的，從辨識字母接著每一個字、每一個句子，直到獲得全文意義為止。在這個模式之下，閱讀歷程就如同拼圖遊戲一般，閱讀者每次解決一塊拼圖，最後將拼圖全部組合起來形成意義（Reutzel & Cooter, 1996）。

（二）由上而下的模式

又稱為概念導向模式，或稱為讀者本位模式，在此歷程中強調知識引導的角色，由上而下的模式是閱讀理解的主角是閱讀者而非閱讀材料，閱讀時，讀物內容越接近個人經驗與背景知識，就越不需要字詞的幫助，利用先備知識和經驗就能將閱讀的資料加以組織並賦予意義。所以整個歷程是從文章的意義開始，繼而句子、字、最後到達最小單位字母為止。以 Goodman（1967）與 Smith（1982）為代表，他們認為閱讀者在整個閱讀過程中扮演著主動建立假設、預測與決定的角色。由此可知這個模式認為理解及意義的獲得較重要於字母、字彙的辨識與分析。

（三）交互作用模式

Rumelhart（1977）認為上述兩種模式皆屬於直線模式（linear models），無法單獨詳細解釋閱讀歷程，因此主張此兩者在閱讀歷程中應同時並存，而提出了交互作用模式，因此交互模式是包含「由上而下」和「由下而上」的雙向歷程。此模式強調在閱讀歷程中，不同的處理模式可以同時進行，也能互相補充。（鄭毓霖，2003）。Reutzel 和 Cooter（1996）認為積極的閱讀，係指閱讀者對於文章有較多的先備知識，較容易形成假設，所必須依賴的文章線索較少；

消極的閱讀，係指閱讀者缺乏對文章了解的先備知識，而不容易做出預測，較依賴由文章所提供的訊息進行閱讀。由此模式可得知閱讀的歷程是互動的，而且因人而異，閱讀不僅是被動的理解文章涵義，而且更是主動的將個人的經驗加入其中，使閱讀產生獨特的意義。

（四）循環模式

　　林秀貞（1997）循環模式認為，閱讀理解是循環的過程，閱讀者每看到文章中的字，及對此字產生解釋，此項解釋會對下一個字有期望，而期望又與下一個相結合且產生命題，然後再統整整個段落的所有命題進而理解文意。若期望與下一進入的字意不能相配合，或與前面的命題不合，讀者會回頭再找另一個解釋，三者不斷地循環直到讀者覺得理解文意為止。

五、有效的閱讀理解策略教學與相關研究

　　有效的運用閱讀理解策略，可以幫助學生迅速的達到效果，相關的閱讀理解策略如下表：

表 2-2　有效的閱讀理解策略的相關研究整理

研究者	主要內容	方法與對象	有效的閱讀理解策略
Palinscar & Brown (1984)	Reciprocal Teaching of comprehension fostering and comprehension monitoring activities.	教學實驗	歸納出四種可用於實際教學的閱讀理解策略，包括： 1.摘述重點（Summarizing）； 2.自問自答（Questioning）； 3.預測內文（Predicting）； 4.澄清疑慮（Clarifying）。

Bereiter & Bird (1985)	Use of thinking aloud in identification and teaching of reading comprehension strategies.	放聲思考；成年閱讀者、年輕的閱讀者	發現四項有助於克服閱讀理解障礙的策略，包括： 1. 以較簡單或熟悉的方法重述不懂的問題（生字、概念）（Restatement）； 2. 遇到難以理解的部分，倒回去重讀（Backtrackin）； 3. 找尋各要點之間的關連性（Demending relationships）； 4. 把難懂的地方化成問題，引導自己解決難題的方向（Problem formulation）。
Langer (1989)	The process of nderstanding literature.	放聲思考	歸納整理出四種閱讀理解方式，包括： 1. 讀者嘗試連結文章與先備知識，開始建構想法； 2. 沉浸於已知的文章中，並繼續建構進一步的文章意義； 3. 以目前的閱讀心得反思個人經驗； 4. 跳出文章理解的狀態，客觀評論閱讀經驗。

資料來源：引自〈國小閱讀理解困難兒童在不同體裁文章的閱讀理解學習成效之探討〉，《文章結構分析策略之應用》（頁 39），田仲閔，2006，國立新竹教育大學特殊教育學系碩士班碩士論文。

　　綜合以上所論，不同閱讀能力的學生在使用相同的閱讀策略下，卻沒有辦法達到相同的閱讀效果，研究者認為是因為識字與閱讀理解困難的兒童，在受到識字的影響，與整個閱讀階段過程中理解的困難，造成落後於一般學生，因此閱讀理解困難兒童呈現閱讀低成就的特徵。

參、寫作的理論基礎與相關論述

以下將介紹寫作的理論基礎與相關論述，分為三部分來說明。第一部份是寫作的定義，第二部份是國民中小學九年一貫課程綱要之寫作能力分段能力指標，第三部份是認知導向寫作過程模式。

一、寫作的定義

語言是人類交流思想的工具，運用語言表達思想，口語表達與書面表達是最常見的兩種方式，口語表達叫講話，書面表達叫寫作（王凱符、吳繼路，1986）。寫作是種高層次的語文能力，沈惠芳（2005）指出：寫作就是運用組織過的文字來表達情感與思想或反應人事物的活動。寫作是極其複雜的心理歷程，誠如陳鳳如（1997）指出：寫作統合思想的傳遞與情感的表達，是較高層次的語文能力表現。寫作是個人意義的發現及創作，林憲治（2004）指出：寫作者由外在情境與內在心理立場交互作用，經由內在語言再以文字完成寫作成品。寫作是以文字提出意見、描述事實、寫出個人經驗、敘述內心的感情和想像等等的語文表達方式之一，寫作可以說是語言能力的綜合表現（柯華葳，2004）。

綜合以上各學者的看法，我們知道寫作是一種複雜的認知過程，用文字來表達自己欲傳達的事物，統整了聽、說、讀三項的能力，運用已有的語言知識、讀過的文句，結合個人的經驗及內心的感想後，以文字呈現出來的創造性活動。

二、國民中小學九年一貫課程綱要之寫作能力分段能力指標

　　根據「國民中小學九年一貫課程綱要」（教育部，2003）中關於寫作能力的分段能力指標說明如（附錄二）。

三、認知導向寫作過程模式

　　Flower 與 Hayes（1980）透過寫作者以放聲思考（thinkingaloud）的方式描述人類基本思考歷程，提出「認知導向寫作過程模式」。此模式最常為人引用，對心理運作的解說也最詳盡（張新仁，1992；張純，1993；Scardamalia & Bereiter, 1986），此模式包含寫作的三個部份：寫作情境、寫作者長期記憶，與寫作歷程（Flower & Hayes, 1980; Flower & Hayes, 1981）。如圖 2-1，以下為此模式的說明：

（一）寫作情境（the task environment）

　　指除了寫作者本身以外的一切現象和事務，包括：預期的讀者、刺激線索的搜尋，寫作的題目、寫作的對象、讀者、刺激、文章已完成的部分等。

（二）寫作者長期記憶（the writer' slong-termemory）

　　指作者長期記憶中所儲存的各項寫作知識。作者會從長期記憶中提取相關的概念、可用的詞句、文法、標點符號，和寫作文體等知識，在有系統的執行監控下完成文章。

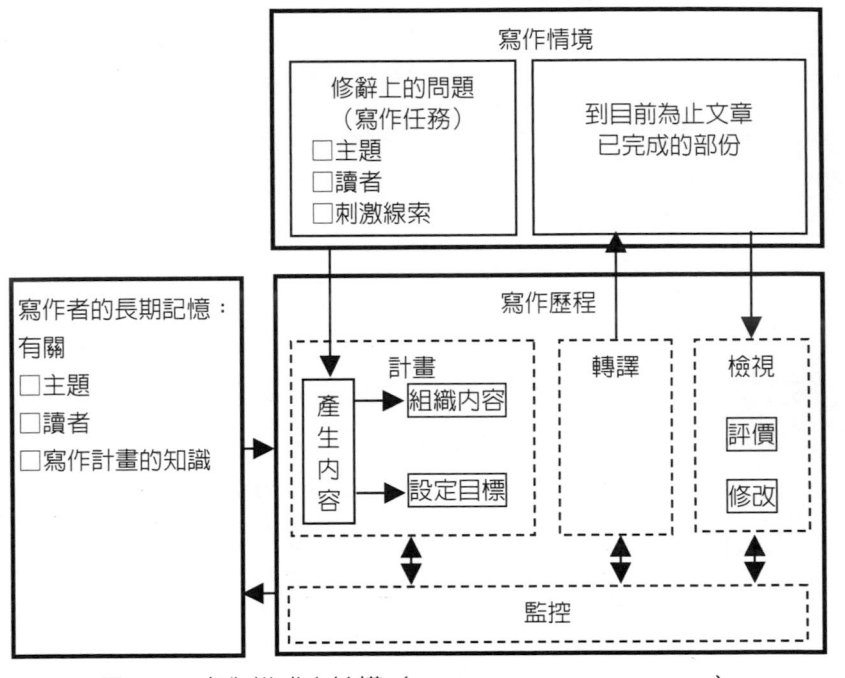

圖 2-1　寫作模式之結構（Structure of writing model）

資料來源："A congnitive process theory of writing ," by L.S. Flower & J.R. Hayes, 1981, College Compositionand Communication, 32,370.

（三）寫作過程（the writer process）

　　分為計畫、轉譯、回顧與監控四個主要歷程。1.計畫（planning）：包括三個部分產生內容、組織內容、目標設定。產生內容（generating ideas）是指自長期記憶，檢索出與寫作任務有關的訊息。組織內容（organizing）則是將不同的訊息連結起來以形成新的概念，納入寫作計畫中，使文章內容變成有意義的結構。目標設定（goal setting）是根據寫作的目的，設定寫作的方向，以引導寫作的進行。2.轉譯（translating）：將寫作者的想法轉化成文字，

轉譯是寫作過程中相當重要的一個環節，此歷程有很多工作需同時考慮，如目標、內容組織、用字、遣詞、標點符號、文體結構等。3.回顧（reviewing）：評估（evaluating）內容是否符合原先目標，以及修改（revising）文章。4.監控（monutoring）：寫作者在任何時候、任何步驟中發現有不妥和需要評估和修正的現象時，都可以適當的修改。

第三節　課程設計之探討

課程必須因應社會變遷的需求不斷修正，課程的設計是否適切，關係著學生學習的結果，也影響教育實施的成效，是極為重要的課題。本節旨在探討課程設計之理念，包括三部分，第一部分是課程之意義，第二部分是課程設計之理念，第三部分是課程設計與發展的模式。

壹、課程之意義

課程一詞的拉丁文原義為奔跑、跑馬場的意思。課程的定義眾說紛紜，巴比特（Bobbitt,1918）認為人類生活包括許多活動，而教育係為成人生活而準備，因此課程是一連串使兒童和青年能履行成人生活而準備。課程是指學校提供的學科，或這些學科欲達成之讀、寫、算等知識、技能的目標，亦即具體化於課程標準、教學指引、教科書或學校規則內的內容（歐用生，2001）。

　　黃政傑以目標、學科、經驗、計畫等四個面向來界定課程。目標：「課程」是一系列目標的組合。學科：「課程」是學習方案、學科內容、學習科目。經驗：「課程」是學習者的一切經驗，或透過課程提供學習者可能學習的經驗。計畫：「課程」是預先的計畫，包括學習的目標、內容、活動，甚至評鑑的程序和工具（黃政傑，1991）。

　　基於不同定義，也出現不同的涵蓋範圍，以下就常出現的五個類別分別說明之（林慧貞，2003）。

1. 學科：課程是科目、學程或教材。
2. 經驗：課程是學生與知識、內容、教材、科目等此類事物，與環境進行的交互作用，以及交互作用之後產生的結果。
3. 目標：課程是一系列目標的組合，強調預期的學習成果。
4. 計畫：課程是學生的學習計畫，包括學習目標、內容、活動、評鑑工具與程序。
5. 其它：課程是文化再生產、社會重建、思考形式、種族經驗……等等。

　　過去「課程」的界說偏向於強調教學計畫的「內容」，而現在的課程專家則以整個學習的情境界定課程（黃光雄，1996）。綜合以上所述，構成課程的要素，彼此呈現關聯且連貫的關係，「課程」包含整個的學習情境，它是科目與教材、經驗、目標或成果、有計畫的學習機會。

貳、課程設計之理念：

　　課程設計（curriculum design）其實在課程學界仍無固定看法，許多學者並不用課程設計一詞，而改用其他的術語如課程

計畫(curriculum planning)或課程發展(curriculum development)來說明。課程是達成教育目的的重要媒介。課程品質的良窳，以及能否實現教育目的，皆賴於周全的「課程設計」（黃政傑，1993)。

就課程設計方法而言，黃政傑在《課程設計》中指出：所謂的方法技術，是依照理論基礎對課程因素進行安排；而課程因素最常被提及的有：目標、內容、活動及評鑑，可再加上時間、空間、材料資源、學生組織、教學策略等（黃政傑，2002)。課程設計包含了擬訂教學目標、選擇教學策略、規劃教學活動及執行評量工作等一系列教學過程。

本研究則綜合上述的說法，將「課程設計」界定為學校為達成預定的目標，因應社會變遷、學習者的需要，將課程目標、課程選擇、課程組織、課程評鑑進行的整體、連續、系統的運作過程，並進一步去從事整體課程發展、課程實施及課程評鑑的過程。

參、課程設計與發展的模式

各種課程設計模式，所要顯示的不外課程要素、課程設計的程序及其中的關係（黃政傑，1991)。有關課程設計的模式，至少有目標模式、歷程模式，實用折衷模式、情境模式、解放模式等幾種（王文科，1988，2002)。其中以目標模式（Objectives model）、歷程模式（process model)、情境模式（situational model）最被廣泛運用，亦為本研究探討之主軸：

一、目標模式

目標模式（Objectives model）由美國的 Tyler 於 1949 年創立，亦稱為泰勒模式（The Tyler Model）。「目標模式」深受行為心理學派的影響，而此模式的發展與提出，具代表性的學者有：Tyler 在 1949 建立直線的目標模式、塔巴（Taba）、惠勒（Wheeler）的圓環式目標模式、索托（Soto）、魏斯特麥（Westmeyer）、柯爾（Kerr）的綜合目標模式、赫利克（Herrick）、龍渠（D. Rowntree）、奧立發（Oliva）、比恩等人（Beane et al）、薛勒（Saylor et al）等人，均屬之（黃政傑，1991）。以下舉出泰勒的直線模式、惠勒的圓環模式。

（一）泰勒的直線模式：

1949 年泰勒出版之《課程與教學的基本原理》中提出四個問題，以做為課程設計的理論基礎（黃光雄，1996）：

1.學校課程應達成哪些教育目標？

2.要提供哪些學習經驗才能達成教育目標？

3.如何有效地組織學習經驗？

4.如何評鑑教育目的是否達成？

以上四個問題就構成了發展課程的四個步驟（ four-step process），亦即 1.決定目標；2.選擇內容；3.組織教材；4.評鑑結果。

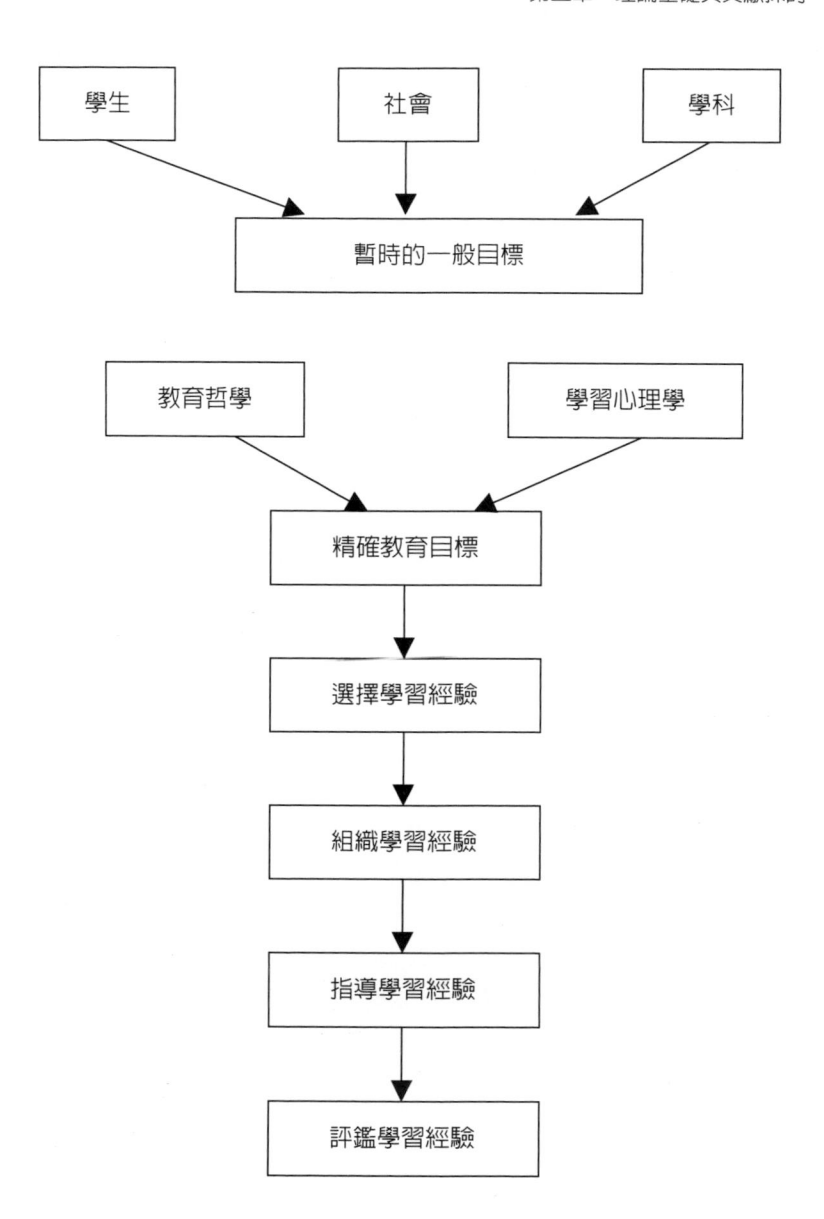

圖 2-2　泰勒的課程設計模式（黃政傑，1991）

（二）惠勒的圓環模式

英國學者惠勒（Wheeler）發表「課程過程」（Curriculum Process）一書。他將泰勒（Tyler）的直線式改為圓環式，使評鑑的結果，未符合預期目標時，能夠有所回饋，檢討不當的步驟，而重新設計，如此週而復始。

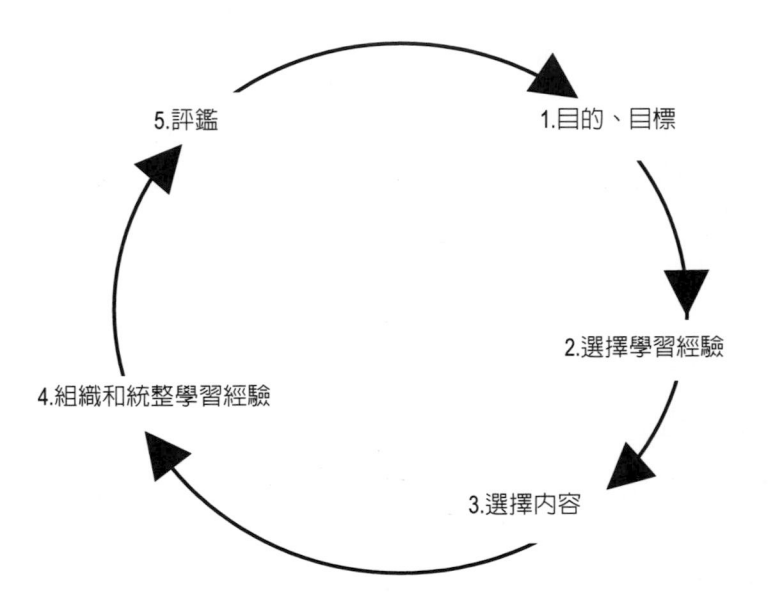

圖 2-3　惠勒的課程設計模式（黃政傑，1991）

二、歷程模式

歷程模式的根源在教育哲學，是由史登豪斯（Stenhouse）所倡導，適用於「知識」和「理解」兩部分的課程領域。以具內在價值的特殊知識之型式為基礎，所選出的內容應是足以顯示該知識領域

或型式中最重要的程序、最主要的概念與規準（王文科，1999）。
Stenhouse 提出課程設計的程序，包括六個步驟，如圖 2-4 表示：

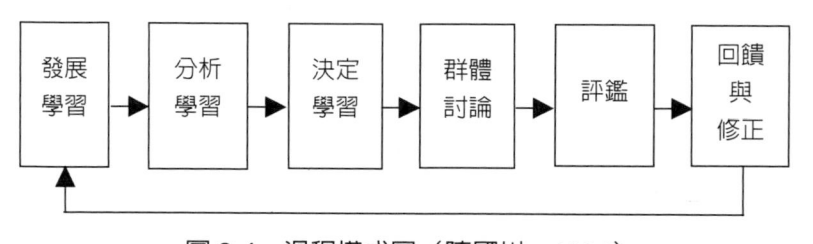

圖 2-4　過程模式圖（陳國川，1994）

　　歷程模式主張課程的中心問題不是目標或內容，而是過程或程序的原則（歐用生，2001），課程設計可由內容和活動設計開始，著重教學過程與學生在過程中的經驗，賦予學生創造的機會，產生各種學習結果，不一定要事先陳述預期的學習成果；在此模式中，較不重視量化，強調教師的投入，教師必須是個學習者，和學生一樣求得發展。（黃政傑，2002）

　　黃光雄和蔡清田也主張歷程模式的課程設計強調教育方式與教學過程，而不是教育內容，且重視學習者主動學習與教師的專業思考，不預先確定目標，不硬性規定學生學習的行為結果，他的重點是希望透過討論方式，讓學生探索有價值的領域，而非達成預期的特定學習效果（黃光雄，蔡清田，2002）。

三、情境模式

　　情境模式課程設計的主要根源在於文化分析（cultural analysis），情境模式初由史克北（Skilbeck）所設計，後來羅頓（Lawton）加以發展（黃光雄，1996）。此模式的課程注重經驗，

假定課程發展的焦點應該放在個別學校與教師中，十分著重學習情境對課程設計的影響，也就是獨特的教師、學生與環境互動的溝通關係，並且了解涉及課程設計過程中出現的脈絡及設計的可行性。

（一）羅頓（Lawton）的文化分析模式

Lawton 認為文化是一個社會的整個生活方式，應該透過教育將文化的重要部分傳遞給下一代，依據課程發展的觀點，文化常項及變項的分析應當包括八項：社會、經濟、溝通技巧、合理觀點、技術、道德、信念及審美等制度或系統。文化常項和變項分析的結果，提供文化選擇重要及價值的文化，作為課程的主要內涵，，再參照心理學發展和學習等理論，以增增教學的內容（Lawton,1983）。

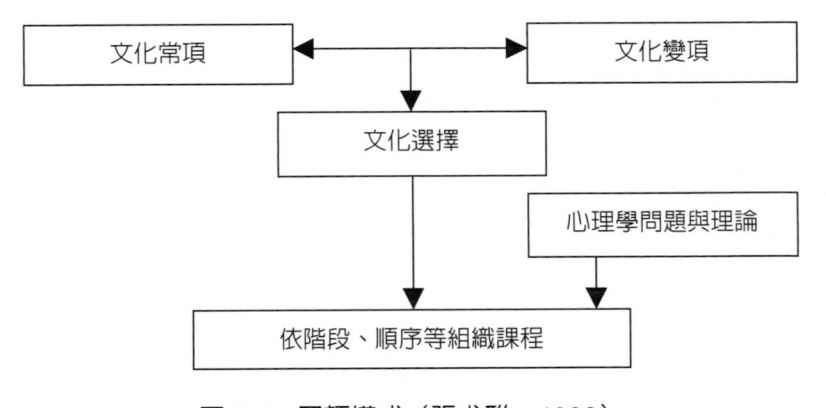

圖 2-5　羅頓模式（張尤雅，1998）

（二）史克北（Skilbeck）的情境模式

史克北的情境模式是將課程設計與發展置於社會文化架構中，學校教師藉由提供學生瞭解社會文化價值、詮釋架構和符號系

統的機會,改良及轉變其經驗,共有五項主要構成要素:1.情境分析;2.目標擬定;3.方案設計;4.解釋及實施;5.檢查、評估、回饋及重新建構。

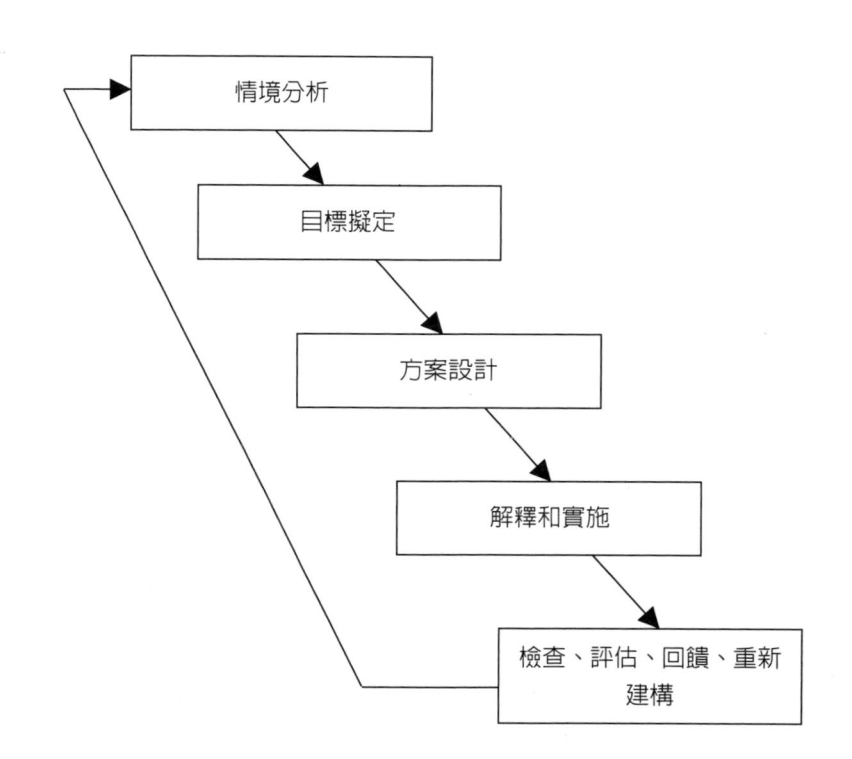

圖 2-6 史克北的學校課程發展模式(王文科,1999)

史克北(Skilbeck)的情境模式較富彈性及適應力,可依情況的改變而加以解釋。此種模式並不事先設定手段和目的的分析;只是鼓勵課程設計者考量課程發展過程中不同的要素和方面,視歷程為一種有機的整體,並以一種相當系統的方式從事工作。課程發展

的焦點必須是個別的學校及其教師，亦即以學校為依據的課程發展乃是促進學校真正改變的最有效的方法。因此，研究者選定此模式來進行課程設計，首先考慮學校教師、學生及環境之間的互動與溝通，來了解課程的需要，接著配合南一版三年級下學期國語領域的課程架構，選定出與當地相關文化為主題，來進行課程設計。

第三章

研究設計

　　本章旨在說明研究的設計，全章共分為四節。第一節為研究流程；第二節說明本研究的研究方法；第三節闡述研究背景分析；第四節為研究期程的規劃。第五節提出本研究的課程研究規劃。

第一節　研究流程

　　本研究以探討文化回應、課程設計、多元文化教育與學校本位課程等有關之理論為基礎，設計一套結合屏東縣滿洲鄉地區文化資源的國小語文領域讀寫課程，使書面課程設計能達到體驗式、趣味性、教育性、前瞻性、生活化之教學目的。本研究流程如圖 3-1 所示，見第 54 頁。

第二節　研究方法

　　本研究從理論與實務兩個方向來進行，在理論部分，針對文化回應教學、讀寫課程之內涵作文獻的探討；在實務部分，採用行動

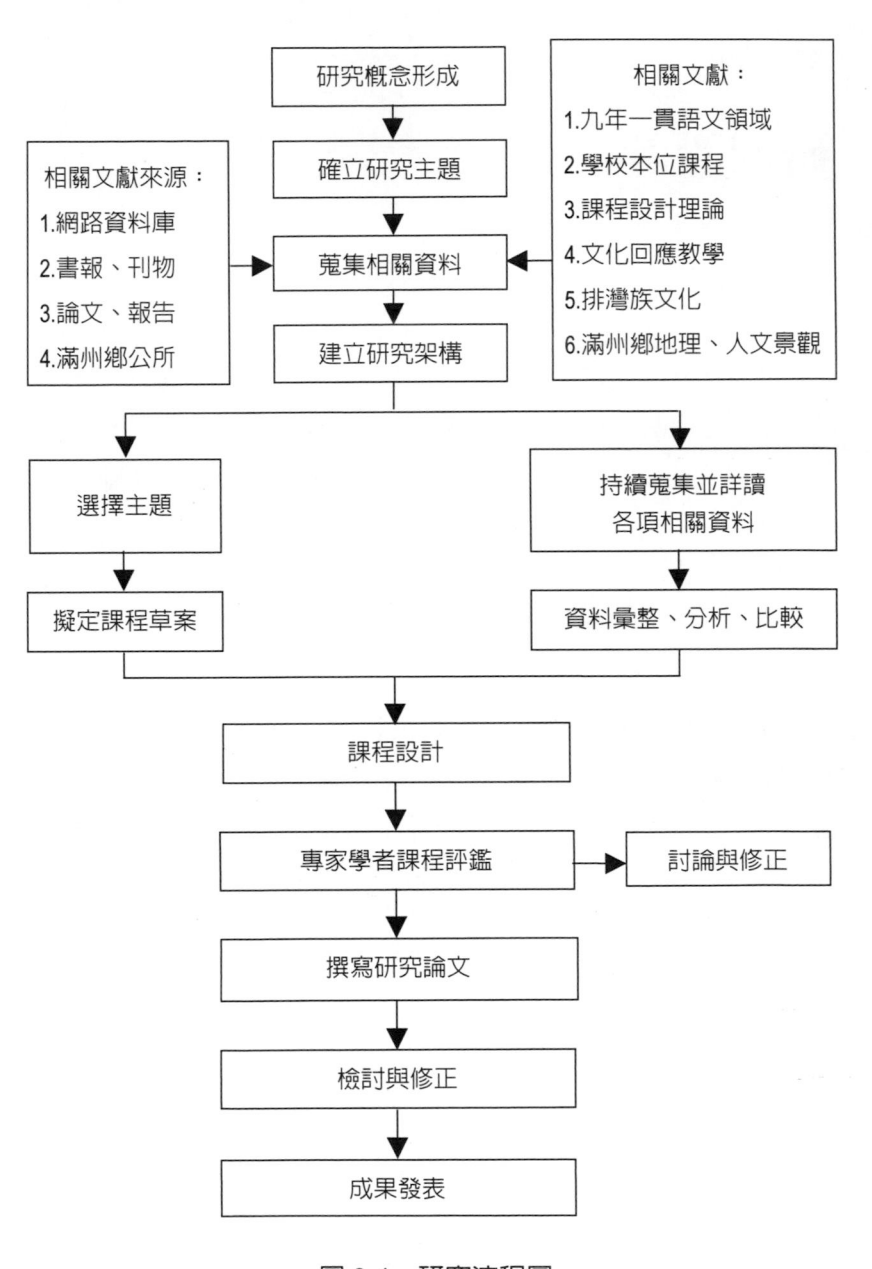

圖 3-1　研究流程圖

研究法（action research），舉出文化回應在國小教學活動中的實例，並以屏東縣長樂國小三年級學童為例，進行文化回應融入讀寫課程設計之實作歷程，以期探究可行的讀寫課程模式。

壹、質性研究

質性研究乃指任何不是經由統計程序或其他量化方法手續而產生研究結果的方法，故質性研究通常會產生關於較少數人或個案之詳盡豐富的資料，但會降低其普遍性（吳芝儀、李奉儒，1995）。在質性研究中，研究者即是工具（the researcher is the instrument），質的研究效度，大部分的關鍵在於實地工作者的技巧、能力和嚴謹地執行其工作（Michael Quinn Patton, 1980）。

本研究透過開放式的訪談、觀察、直接參與及書面資料的閱讀等方法來收集研究現場的資料，試圖將研究歷程儘可能地完整呈現，質性研究的意義，並不是由操作型定義的變項來界定，而是進入研究的情境之後，才逐漸的釐清與修正。

貳、行動研究

John Elliott（1991）所指出行動研究（action research）的定義為：行動研究是社會情境的研究，是以改善社會情境中行動品質的角度來進行研究。吳明隆（2001）定義行動研究中研究者是實務工作者、研究情境為實際工作環境、導因於所遭遇實務問題，最後目的在解決實務工作問題。由上述可知，行動研究不單是解決實務工作問題，更需對研究現象與行為進行詮釋，同時實務工作者也對自

身工作的反省與思考，透過研究過程來找出適當的解決策略，達到
現象改革或改變。

　　本研究亦以研究者自身出發，透過應用文化回應方式進行讀寫
課程設計的實作歷程，進行行動研究。以屏東縣長樂國小為樣本，
針對長樂國小所處之地理位置與相關的社區資源進行調查與資料
蒐集，分析該地區可以作為教學設計的資源，以文獻探討與地區教
育資源為基礎，進行讀寫課程之設計，課程活動教學設計完成後，
與學校之校長、教師與指導教授進行意見訪談。在研究過程中，研
究者希望透過行動研究之方式，探討在此研究歷程中所面臨的情境
與符合產生解決之道，以增進研究者覺察問題、反省辯證、發展行
動策略、付諸實踐的基礎。

第三節　研究背景分析

壹、研究場域

　　「場域」是一個社會場景周圍地區所發生的型態化的活動，和
其所包含的社會場地之間是互相影響的（鄭同僚，2004），本研究
所界定的場域為長樂國小及其學區（包含滿州鄉長樂村、九棚村及
港仔村三村）。長樂國小設立於民國四十四年，原為滿州國小分班，
民國四十六年升格為滿州國小分校，五十年獨立，五十九年成立八
瑤分校，七十六學年度八瑤分校廢除，合併至長樂國小，九十二年
九棚國小也併入長樂國小。學校現有 13 名教職員，全校有 7 個班
級（包含幼稚園），學生人數為 155 人（男童 92 人，女童 63 人）。

　　校內原住民籍學生約占全校總人數約 70%，低收入戶約佔30%，學校位居偏遠山區，社區內衍生出許多家庭問題，如單親、隔代教養、父母失業等。大多數家庭功能不彰，文化刺激貧乏，尤其是在語文領域上，這樣的困頓與學習落後更加顯著，當他們從事閱讀與寫作之相關活動時，顯露出的是深層的惶恐感。雖然學校依據教育部「焦點三百──國民小學兒童閱讀推動計畫」，發展學校本位課程「閱讀悅讀」課程，但實施重點在於班級說故事、教導學童善用圖書館、鼓勵學生多閱讀書籍及閱讀心得寫作……等，未針對文化回應及讀寫課程做深入的發展，故實際的實施狀況成效有限。

　　長樂村北鄰九棚村，東臨太平洋，南與響林村相接，西與東城鄉、牡丹鄉交界，港口溪上游流經轄區內，為長樂村之主要河川。長樂村轄區遼闊，人口組成較為複雜，其中原住民及平地人約各佔總人口數的一半，一村由長樂社區及分水嶺社區組成，是別村少有的現象，村民以務農為主。

　　九棚村東鄰太平洋，南接長樂村，北與牡丹鄉和港仔村交界九棚村計分六個鄰，著名的本村轄區內之南仁湖，海拔約三百公尺，當地有五、六十幢石屋十分低矮僅三、四台尺，據說為已消失的侏儒種土著住家。附近有一片未經人工破壞的人工雨林區，區內長有兩千多種植物，約佔台灣所產植物的一半，是全世界研究熱帶雨林的科學家們，極為推崇的「活標本園」。九棚村為偏僻村落，沿海至港仔砂堆如山，可開闢遊樂區帶動地方發展。目前政府已建設台二十五線沿海公路經本村南仁路，沿海線至海口村。

　　港仔村東鄰太平洋，南接九棚村，西北與牡丹鄉交界，主要河川為港仔溪。港仔村腹地狹窄，中山漁港位於本村北端，大部份居

民以漁業為主，中山科學院九鵬基地設於港仔村與牡丹鄉內（http://163.24.95.140/school/web/index.php?mod_area=14&menu_id=22）。

貳、研究參與人員

　　研究參與人員包含所有涉及此研究主題相關情境的人，在研究團體中的每一份子都有表達意見的權利與義務，透過共同分享經驗、討論與互動、反省與思考凝聚共識。本研究由研究者進行課程設計內容，課程設計教學對象為長樂國小三年級的學生，在研究過程中校長、同事、學生、學生家長及地方人士，適時提供支持鼓勵與建議，激勵研究者自我反省思考及共同辯證批判。

一、研究者

　　研究者畢業於台東師範學院，目前在國立台東大學語文教育研究所碩士在職專班修習學位中，以族群文化背景來說，研究者是「道地的蕃薯」，父母親皆是閩南人，在這個研究中，研究者以自己任職的學校、學區作為研究場域，有其一定的便利性，但是這種小區域與課程教學相關的研究，也只有在地的教師才會做，因本校的學生多為原住民，學校在思考如何發展學校特色時，可將部落文化資源納入考量，突顯與其他學校不同之處，這樣的課程，不論是從自然環境的角度，或是從人文歷史切入，都很有特色。

　　研究者在研究過程中儘量謹守研究方法的操作程序和研究倫理的要求，以期能夠順利完成研究，得到研究成果。研究者也藉由跟指導教授進行討論的方式，試圖跳出自己的「閩南人的視野」，藉由理論的刺激與啟發，以尋找對研究目的有幫助的文獻和論述，

也致力扮演一個引導的角色，讓學生藉由自身生活環境與文化，增進閱讀理解，以對本研究有更實質的貢獻。

二、課程設計教學對象

本研究的教學對象為屏東縣滿州鄉長樂國小三年級學生 28 人（男童人 16，女童 12 人），參與學生年齡在八足歲之間。學生主要為排灣族及平地原住民，學童們生性開朗、純樸、天真，跟市區學校比起來，比較不會染到現實的氣質，也比較尊敬老師。這邊家長幾乎都是從事勞力工作，所以他們用在小朋友身上的時間沒辦法很多，但是對於學校的政策還算蠻支持的，可能他們本身可能社經地位不是很高，所以他們對學校老師都蠻尊敬的，雖然說支持度很高，但是配合度有時不會高，他們因為生活的因素常常不能配合學校的活動。家長的生活壓力重，相對在管教孩子的時間和方式可能就沒有像中上階層那麼在意。他們的知識背景不是很強，我覺得這邊的家長在要求孩子讀書方面是比較薄弱的，甚至是有希望但沒方法，他們也希望孩子讀的好，可是他們就沒有方法去要求孩子，如此會直接影響到兒童在校的一切學習，尤其是在語文領域上，這樣的困頓更加顯著。

當學童從事閱讀與書寫之相關活動時，顯露出的是深層的無力與惶恐，阻礙了他們在其他課程領域上的發展，更在無形中造成原住民兒童對自我價值與自我認同的混淆。本研究的教學對象在進行國語文習作的練習時，大部分的學生多能在老師講解過後自己獨立完成，但在讀寫作品表現上常欠缺創意以及想像力，大多將寫作的焦點停留在事件的紀錄與敘述上，在文本的流暢度與組織結構上，研究者認為有待加強。

表 3-1　研究期程表

年／月 項目	97年5月	97年6月	97年7月	97年8月	97年9月	97年10月	97年11月	97年12月	98年1月	98年2月	98年3-6月
1. 研究概念形成，並建立研究主題	■	■									
2. 蒐集相關資料		■	■								
3. 建立研究架構			■	■							
4. 資料彙整、分析、比較				■	■						
5. 選擇主題					■	■					
6. 擬定課程草案						■	■				
7. 課程設計							■	■			
8. 專家學者課程檢核								■	■		
9. 修正與討論									■	■	
10. 撰寫並提出研究報告										■	■

在研究假設上，研究者希望學生的一切讀寫作品都能自己完成，因此將家長的指導因素排除在外，不會有家人代寫，或家人口述學生抄下來的現象，所以學生的作品能完整呈現學生自己的想法及學習成效。但這不代表學生只完全依靠自己的能力來學習，而是希望將學習的責任轉嫁在學習者身上，學生必須建構自己的概念，旁人的角色是提供資源與協助的。

三、批判性朋友（critical friends）

包括學校校長、教師同儕、學生、學生家長以及關心本研究的人等等，在本研究進行過程中，適時提供支持鼓勵與建議，激勵研

究者自我反省思考及共同辯證批判，並促成研究者成長及進步的主要關鍵之一。

第四節　研究期程的規劃

本研究期程的規劃（以甘梯圖表示），如表 3-1 所示。

第五節　課程研究規劃

壹、預定設計課程的節數

三年級的國語文領域課程每週只有三節課的時間，如何將滿州鄉及排灣族的文化素材融入現行的課程中，首先要考量，也是最重要的就是時間問題。以每學期二十週計算，教科書授課時間約為總節數的 80%，所以大約還有 12 節課的時間運用。另一方面參考其他課程實施的研究，所安排的課程節數大多介於 10 至 21 節之間（朱劍中，2004、莊淑媛，2004、蔡慧琦，2004、闕美珍，2006、曾惠芬，2006、鄭慧華，2007）。因此，研究者所設計的課程方案實施期間為期二十週，隔週一次，每次一節課，規劃了共 10 節的課程。

部分試驗課程，都會有相關的影片，但是觀賞影片需要更多的授課時間，因此除了指導學生做紀錄必要觀看的片段之外，其餘的需與導師情商，利用中午用餐的時間讓學生自行觀看，以節省更多的教學時間。

貳、預定蒐集的資料層面

滿州鄉民的生活型態，有許多值得探究的地方。例如：每年第一次春雷乍響，山區的青蛙便開始交配，鄉民們便會利用此機會到田裡、山區抓青蛙，把這些放入讀寫課程中，應會是有趣的題材。鄉內也有豐富的自然及生態景觀。例如：南仁湖、九棚沙漠、佳樂水、小雨蛙、豹紋蝶、大冠鷲……等等。這些都是學童所熟悉的，在真實的體驗或熟悉的情境中，參與讀寫活動的學習，應能增進學童主動參與的意願。

排灣族的文化內容也包羅萬象，舉凡風俗民情、建築物、宗教、傳統文物、生活經驗、藝術、語言……等等都可以是文化素材的範圍。前些時候，大街小巷都在談論「海角七號」，就連小學生也不例外，而「海角七號」正是在滿州鄉拍攝，劇中女主角送給男主角的琉璃珠也是排灣族的傳統文物之一，這興起了研究者把琉璃珠的神話故事融入讀寫課程中，我想這樣的課程，學生不僅更能認識自身的文物，也能提高學童的閱讀興趣，進而提升學習表現。

參、可能面臨的問題

研究者嘗試將滿州鄉及排灣族文化融入到國小語文領域的讀寫課程中實施，在十節的試驗課程中，實際教學時間可能仍嫌不足。以影片觀賞為例，僅就指導學生做紀錄必要觀看的片段之外，並沒有將觀看全部影片的時間列入教學時數之中。在授課過程中，教學者對於教材轉換的拿捏也必須精準、謹慎，才不致讓學生覺得是學習負擔的增加。

　　由於研究者不是當地的居民，也不是排灣族人，所以對滿州鄉及排灣族的認識大都來自於書面資料，以及與地方人士的談話中而得。以上林林總總的文化素材，到底哪些是可以放到讀寫課程之中的？研究者試圖從比較基本、學生比較熟悉的生活空間與傳統文物來切入，但這樣的安排是否仍有美中不足之處？另一方面，滿州鄉其所蘊涵的文化歷史常不為人所熟悉，在文化資料蒐集可能會因天災人禍與耆老的凋零，未留下任何歷史紀錄，這也可能是會面臨的問題。

第四章

在地文化現場素材

本章主要在蒐集滿州鄉與排灣族文化素材相關資料，整理出可融入課程設計之素材，研究者將其分為三節，第一節為滿州鄉文化素材之分析整理；第二節描述排灣族琉璃珠與婚禮；第三節說明融入課程之文化素材。

第一節　滿州鄉文化素材之分析整理

文化（culture）一詞，其字源自拉丁文 Cultura，原義是指耕種和植物培育，含有培育、修理、生產、祭祀等意義。近代人類文化社會學之父泰勒（E. B. Tylor）說：「文化是一個複合體，包括知識、信仰、藝術、道德、法律、風俗和一切創造人類社會成員的能力與習慣」；其後又補充說明：「文化是人類由生活經驗所獲得的智慧，使他們與其他動物有分別」。

當代美國人類學家克羅孔也明言：「所謂文化乃歷史裡為生活而創造出來的一切設計。這一切設計，有些是顯明的，有些是隱含的。有些是合理的，有些是反理的，也有些是非理的。這些設計中在任何時候均是人類行為之潛在指導」（Griswold,1994）。

表 4-1　滿州鄉文化素材統整表

文化素材名稱	文化素材內涵
一、地理環境	滿州地名由來、氣候、地形
二、文化活動	(一) 滿州傳統民謠
	(二) 節俗慶典與宗教信仰
三、史蹟文物	(一) 尤宅古厝
	(二) 國語傳習所紀念碑（高砂族教育發祥地）
	(三) 滿州敬聖亭
四、文史暨生態保育團體	(一) 滿州鄉民謠協進會
	(二) 滿州鄉原生植物生態保育協會暨護鷹巡守隊
	(三) 天主教滿州鄉關懷站
	(四) 滿州文化教育與產業發展協會
五、遊憩觀光資源	(一) 佳樂水風景區
	(二) 七孔瀑布
	(三) 滿州花海
	(四) 港仔大沙漠——吉普車飆沙
	(五) 港口溪漁村公園——衝浪
	(六) 里德橋賞鷹
	(七) 南仁湖生態保護區

　　由上可知，人類與自然的互動中所形成的系統、層次，這些層次互動的過程中包含物質與精神層面，而這些過程形成的產物即可視為「文化」。

　　文化素材是形成文化一切有形及無形的因素，其內容包羅萬象，舉凡風俗民情、生活經驗、建築物、語言、宗教、傳統文物、藝術、道德、法律等都是文化素材的範圍。牟中原（1996）在原住民教育改革報告書中調查得到原住民本身對教育中的文化素材傾向母語、傳統文化、傳統藝術、神話故事等等的傳承，並將這些傳統藝術在教學中的優先順序排列出歌舞、編織、雕刻、藤編。

以下將對滿州鄉及排灣族的地理環境、文化活動、史蹟文物、文史暨生態保育團體與遊憩資源等概略敘述，並編成滿州鄉文化素材統整表，以瞭解在地傳統文化內涵，檢視適合長樂國小的文化回應課程。

壹、地理環境

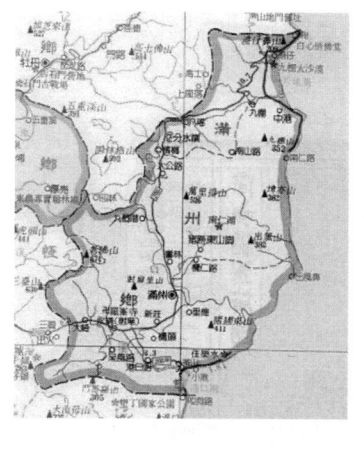

　　滿州鄉位於東經 120°45，北緯 22°01，南北長 20 公里，東西狹 11 公里，面積 142.2013 平方公里，人口數 8865 人，分為 8 個村 117 鄰，年平均溫度約攝氏 25 度。位處屏東縣南端東側，北及西北臨牡丹鄉，東濱太平洋，西鄰車城鄉，南及西南接恆春鎮。剛好位處恆春半島的東部丘陵，地質上算是中央山脈的餘脈，因此鄉境內雖然多山，但地勢卻較為低緩，海拔均在 700 公尺以下。氣候上屬熱帶季風氣候，受地形影響，每年 10 月到隔年 2 月都會有強勁的落山風吹襲。滿州鄉大部分為山區丘陵地，因此農業並不發

達,是台灣最南端的鄉村,以落山風、牧草、灰面鷲和伯勞鳥聞名。
（http://www.manjhou.url.tw/homepage_2_manjhou.html）

貳、文化活動

一、滿州傳統民謠

滿州鄉民謠即恆春半島民謠（含恆春鎮、車城鄉、枋山鄉、滿州鄉）。

傳統民謠中較重要且為人所熟知的有「思想起、平埔調、四季春、楓港小調、五孔小調、牛母伴、守牛調」。

（一）思想起

最通俗普遍的民謠,也是最為人熟知的恆春民謠,七字成一句,四句成一段,有固定的曲調,因為沒有固定的歌詞,隨個人喜好來唱,所以又稱「自想起」、「思雙枝」；常在句尾加入「啊呦喂！」或是「啊喂！」,每個字音也常會加入「啊」來助唱。

（二）平埔調

這首民謠是非常古老的恆春民謠,因為年代久遠,所以已忘了這首歌謠的名稱,又因為當時恆春地區多平埔族人,傳說中是常聽平埔族人唱,便稱為「平埔調」。民國四十一年由滿州民謠協進會的前輩曾辛得校長改編曲調,填入國語歌詞,命名為「耕農歌」。另外我們常聽到的閩南語歌曲「青蚵仔嫂」,也是由此曲調改編而成。

（三）楓港小調

據說是楓港地區的人到各地打工當木炭工，夜晚閒暇時特別喜歡唱的一首曲子，因此稱「楓港小調」，這是恆春民謠中變化很大的一首，涵蓋平埔調、四季春、五孔小調的韻味，讓人難分辨。也有人認為它是和「四季春」相似，由「四季春」衍生出的曲子。

（四）牛母伴

又稱「牛尾伴」、「牛尾擺」，老一輩滿州人的稱此調為「唱曲」，是恆春最早出現的古老民謠，曲調哀怨動人，唱者情意真切，聽者莫不傷心流淚，常使用在親友辭世或是女兒出嫁前夕「惜別宴會」上。

（五）五孔小調

有一說法是五樂句一首，第五樂句是重複第四句樂句來終結整個樂曲，因此稱「五孔小調」，另一說法是這首曲子在演唱時多會以「洞簫」這個樂器伴奏，而洞簫這樂器有五個氣孔，而稱「五孔小調」，很多人喜歡用此調唱「十二月苦力歌」，所以又稱「苦力調」。

（六）守牛調

又稱「狩牛調」，只在滿州鄉流行，是傳統民謠中最輕鬆愉快的曲調，最早採集到原始的曲調是一段反覆的曲式，而鍾明昆教授與鍾金星主任等人，將其擴充為兩段式，而成今日大家所唱的版本。演唱時會在每句的歌詞句尾加上「唎！」。

（七）四季春

又稱「恆春調」、「大調」和思想起同時流行於恆春。因為對唱時，常以四季花草做開頭，而稱作「四季春」。

這些曲調的特點：

一、大多使用月琴、弦琴伴奏。

二、演唱時，會在句中或句尾加入「啊、啊呦喂」等助詞。

三、可能是生活苦悶，因此傳統民謠曲調唱來大多淒涼悲切。
（ http://librarywork.taiwanschoolnet.org/cyberfair2006/chlps/index.htm ）。

傳統民謠對於滿州人的生活、休閒、習俗等關係密不可分，惟受文明、科技影響，這些曲調漸漸失傳，會彈唱的人越來越少。現在每年農曆春節都會舉辦「滿州民謠發表會」，旅居在外的滿州人，都會返回故鄉共襄盛舉，就好像是一種承諾與約定，一種看得見民謠傳承的希望。

二、節俗慶典與宗教信仰

（一）五朝齋醮暨八保祭典

滿州民間較重視的年節，源自中國傳統的二十四節氣，其中以過年、元宵、清明、端午、中元、中秋、重陽、冬至最普遍，祭祀活動大致延續古俗，地方色彩較濃的民俗活動有羅峰寺的「五朝齋醮」暨「八保祭典」。羅峰寺位於滿州鄉永靖村，興建於民國十二年底，主祀南海觀世音菩薩。依後誌記載「時當民國十五年左右，本鄉瘟疫流行，病亡者重，佛祖降乩指點藥草活人無數，乩生潘阿蛇亦身染重病，命在旦夕，族人請示佛祖，潘氏醒而扶乩，謂取

吾之血肉以配藥，可以無恙，乃削取金身座下木片和藥，竟霍然而癒，今佛祖金身座下削刮累累，漥然闕如，足見鄉民祈福保安之殷，菩薩慈悲救人之切也。」因此，有大半的鄉民信奉觀世音菩薩。

據說第二次世界大戰期間爆發痢疾等瘟疫，死亡很多，菩薩慈悲，復降乩指點草藥醫治，鄉民感念佛祖靈驗之神威，於戰爭結束後，遵囑舉辦祭典，為七保公祭典之濫觴。所謂「保」，就是現在的「村」，滿州鄉原有永靖、港口、滿州、里德、響林、長樂、及九棚七村，所以叫做七保，後來增設港仔村，才改稱八保。

至於做醮，相傳在第二次世界大戰期間，七保保正（即村長）曾許願，於戰爭結束後，集合七保力量舉辦清醮酬謝神恩，後因物力艱難，拖至民國四十三年，才與七保公祭典合併舉行，此後未曾再辦，直到民國九十七年舉辦五朝齋醮，才使此傳統得以傳續下去（黃文華，2008）。

（二）宗教信仰

滿州鄉民半數信奉觀世音菩薩，所以鄉內有多所廟宇，如：景農宮、照靈宮、福德宮、信天宮、順天宮、太子宮、大仙宮、福明祠、東海寺、千華寺、瑤池宮、龍泉巖、南福堂、福德祠、勝化堂、心悟佛堂、港清祠及羅峰寺，但以漢人為主；鄉內的排灣及阿美族人則多數信奉基督教及天主教，鄉內有八瑤教會、基督滿洲教會、長樂教會、鄉村福音佈道團、天主教滿州鄉關懷站等。

參、史蹟文物

一、尤宅古厝

　　滿州鄉開發早，因此在老街上仍有早期建築的磚造平房，其中以「尤」姓、與「宋」姓的老宅目前仍供後世子孫居住，為最具代表的史跡。滿州村裡，有一棟近百年的「尤宅古厝」，建成於 1927 年，融合西洋、閩南與日式特色。正面第一進為街屋形式，屋簷砌有九個拱圈；第二進正廳，左右護龍二層樓高，設有陽台迴廊，為住家兼備的合院建築。中央山牆塑有「尤」字，主門門額上有「協和」商號，正廳左前埕有一水井，廊亭的堂號取「世外桃源」之意。因歷經二次世界大戰，柱子上可見留有彈孔，尤宅是當時的滿州庄長尤昆平所建，可以看出古宅仍有些豪貴之氣，古宅的外觀，以紅磚、瓦所建構，中堂門柱與房舍牆壁、地板，以石材或水泥封面，中堂大廳仍然供俸著神祇與牌位，香煙裊繞中飄逸著大家風範（屏東縣政府文化處，2008）。

二、國語傳習所紀念碑（高砂族教育發祥地）

(一) 立碑緣由：日明治 29 年，台灣總督府為實施皇民化教育政策，在台灣十六地設置「台灣總督府國語傳習所」。是年七月，「恆春國語傳習所」（恆春公學校、恆春國小前身）創立，開始傳授日本語文。九月，在琅嶠下十八番社大頭目潘文杰之協助下，「恆春國語傳習所」於豬勞束社（今里德）設立「分教場」，為全島番民接受日本教育之始。明治 31 年，總督府公佈「公學校」命令，同時廢止國語傳習所，豬勞束分教所因未達設立

公學校之條件，改為「豬勞束國語傳習所」，並繼續對番人教育。明治 38 年，「豬勞束國語傳習所」廢止，改設立蚊蟀公學校即現今滿州國小。

(二) 立碑時間：日昭和十四年（西元 1939 年）

(三) 碑碣位置：滿州鄉里德村（豬勞束社，今里德苗圃前路畔）。

(四) 碑文內容：（正面）恆春郡高砂族教育發祥之地，（背面）高砂族教育發祥地、明治二十九年九月十日開始、滿州公學校前身、昭和十四年三月建立。

(五) 碑碣尺寸：高二一〇公分，寬一〇六公分，砂岩。

(六) 保存現況：光復後，此碑一直立於里德村荒煙蔓草間，碑上的文字也遭填抹。民國八十八年二月滿州鄉公所重新整理此區，復原碑上之文字，並在紀念碑上興蓋涼亭。（林瓊瑤，2002）。

三、滿州敬聖亭

(一) 興建緣由：漢人遷入滿州鄉後生活風俗習慣依中國傳統方式，在日常生活中也利用寫字及閱讀書籍之習慣，並督促子孫讀書識字，盼其光宗耀祖。因此對文字非常珍視，對於廢棄的字紙或書籍，大部份都送到住宅附近的廟宇設置的香爐燒掉。滿州村及附近村落為處理廢棄的字紙及書籍，集資於村外興建敬聖亭，每日上午由義工扛二只竹籃巡行蒐集廢棄的字紙及書籍，運至惜字爐，選擇良辰，點香向天頂祭拜如倉頡、孔子、文昌君等之先聖先賢，以為積此功德，可使家中子弟文運亨通，將來有助於功成名就。

(二) 興建時間：日明治 37 年（1904 年）興建，昭和二年（1917 年）修建。

(三) 古蹟位置：屏東縣滿州鄉滿州村口、二○○縣道旁。

(四) 古蹟型式：採中國華南一帶所建的六角型式，以磚塊建成，亭高約四公尺，亭頂約五公尺，壁體約 0.25 公尺，亭對角約 1.2 公尺，亭層共有三層，亭中間一層開一甕形之口如大爐設備，第三層開一長方形之口作為冒煙用。

(五) 保存現況：本亭自興建以來立於滿州村口，後來村民不再使用後，一度湮沒於草叢間，民國八十八年，滿州鄉公所將此區整建，並另築涼亭立碑紀念（林瓊瑤，2002）。

肆、文史暨生態保育團體

一、滿州鄉民謠協進會

恆春民謠，並不只是恆春鎮當地的民謠，廣義的說應該是恆春半島地區的民謠（含恆春鎮、滿州鄉、車城鄉、枋山鄉、牡丹鄉等），而滿州鄉這個位處臺灣南陲的小鄉鎮，因當地自然環境不佳（落山風），謀生不易，因此多旅居外地的子弟，臺北、臺南、高雄等地都有滿州同鄉會的組成，這些旅外的子弟在聚會之時，思念故鄉便唱起故鄉的歌謠，因此才有成立民謠協進會的動機和想法。

這些旅居外地的子弟，有的經商有成，也有的對音樂學有專精，基於對故鄉的愛和民謠的美，大家有力出力，有錢出錢，並結合在滿州當地的士紳，民國 68 年由鍾明昆教授、陳文忠先生、林明貴先生、曾次朗老師等旅外鄉親，成立滿州民謠推廣委員會（即滿州民謠協進會的前身），並在民國 70 年正式立案並且登記為「屏東縣滿州鄉民謠協進會」。

　　最初成立的宗旨在於保存日漸無人傳唱的滿州民謠，由幾個種子教師深入到田野鄉間做民謠曲譜歌詞的採集，並且鼓勵各村成立民謠團、各校成立民謠社，師資則由民謠協進會義務提供，並定期舉辦民謠比賽和春節展演活動，做為各村民謠團競賽及展示練唱成果。（http://librarywork.taiwanschoolnet.org/cyberfair2006/chlps/index.htm）。

二、滿州鄉原生植物生態保育協會暨護鷹巡守隊

　　「小時候鄉裡常看到的原生植物，現在幾乎都看不到了」恆春工商退休老師郭明裕，用這樣的心情激起了滿州鄉中老年人的共鳴，成立滿州鄉原生植物生態保育協會，協會在民國九十六年七月成立，以保育滿州鄉的生態為目標，除了原生植物外，還包括了守護候鳥灰面鵟、護溪等，其實獵鷹和電魚都是滿州鄉傳統的經濟活動，但這幾年獵鷹被嚴禁，溪裡的魚資源也枯竭，協會的成員都認清唯有保護生態，讓生態成為觀光資源，才能發展滿州鄉的經濟。

三、天主教滿州鄉關懷站

　　李惠蘭出生於屏東縣滿州鄉，二十四歲那年，選擇了當修女，家人不捨當修女沒收入，不能吃好、穿好，還引發家庭革命，「只愛一個人、一個家庭不是我的個性，我的愛太多，心太寬了。」又說，「諾貝爾獎只能由一個人獲得，但修女的工作可以培養很多史懷哲。」

　　當了三十年修女、在天主教學校教書多年，五十四歲的她卸下天主教主顧傳教修女會總長職務，回到闊別已久的滿州鄉。由於滿州鄉的教育問題讓李惠蘭憂心忡忡，於是李惠蘭毛遂自薦，找上滿

州國小校長,「我就是社會資源,請盡量利用我」,她無償幫孩子課後輔導、自掏腰包訂國語日報、替圖書館募書並進行 e 化、寫信向天主教博愛基金會爭取設立關懷站與瑪麗亞ㄟ寮仔。

　　民國九十七年起自行募款舉辦第一屆「滿州鄉兒童體驗營」,以「你、我、他」的主題出發,讓孩子看看別人、想想自己,藉由同儕的力量、營隊式管理,學習生活禮儀,更重要的是認識、珍惜自己的土地。(http://tw.myblog.yahoo.com/jw!I7zguheFFQRULjr5Jp5e/article?mid=2179)。

四、滿州文化教育與產業發展協會

　　多位屏東縣滿州鄉在外事業有成的企業家,眼見風景美麗的故鄉一直是窮鄉,年輕人不斷外流,於是由科揚科技股份有限公司董事長王鴻圖帶頭,於民國九十七年組成「滿州文化教育與產業發展協會」,要將滿州鄉的觀光產業發展起來,讓家鄉的競爭力提升。協會裡除了七、八位企業家外,還有退休的教授、高中、國中小校長、音樂家、學校老師、公務人員等。聘專人運作協會,也是留美的滿州子弟,在專人運作協會,以及王鴻圖以企業家的活力及企業精神運作下,很快的凝聚了動能。

　　去年暑假各辦了一場音樂營和彩繪營,吸引滿州鄉三分之二的國中小學生參加,鄉民見協會辦得不錯,紛紛投入義工工作。王鴻圖說,滿州鄉要發展觀光產業的定位是清楚的,但到底要發展什麼樣的觀光產業,目前協會還在尋找,要醞釀一個產業不容易,於是協會從最根本的教育和文化紮根著手,滿州鄉的教育資源與都市差距很大,協會先讓鄉裡的孩子從藝術薰陶來培養孩子的美感和創造力,未來希望形塑成藝術之鄉。未來的工作還很多,包括指導各社

區發展協會寫企畫書向政府爭取觀光發展經費、整理滿州鄉的文史等，希望一點一滴聚集資源，讓滿州鄉的觀光產業能動起來。（http://www.epochtimes.com/b5/8/9/1/n2248507.htm）。

伍、遊憩觀光資源

一、佳樂水風景區

　　佳樂水風景區位於屏東縣滿州鄉，佳樂水原名「高落水」，指的是步道盡頭的山海瀑布，前總統蔣經國改名「佳樂水」，並為當時無名的山海瀑布賜名。這裡的魚類資源豐富，在潮間帶的岩縫及漥地內海岸上都可見到，由於沿岸為黑潮流經，大型洄游性魚類很多，經常可見船筏穿梭海上，也是海釣的最佳地區，盡頭的山海瀑布是山溪經山海崖沖刷而下，沿著海岸北上，可到達出風谷大草原。

二、七孔瀑布

　　七孔瀑布群，位在屏東縣滿州鄉永靖村的北方溪谷中。擁抱環繞四周的豐富風景名勝有：北方有標高六七四公尺的老佛山為瀑水之發源地；東接小墾丁渡假村、南仁湖、九棚、佳樂水風吹沙等一連串的風景線；南與雄立重重山巒的大尖石山明顯地標，遙遙相望；西有出火仔活火山景觀，恆春東門古城舊風光。七孔瀑布群的發掘，對少有瀑布景觀的恆春半島，更是錦上添花，倍加光彩。（http://www.manjhou.url.tw/homepage_4_eco-tourism_755.html）。

三、滿州花海

滿州鄉近幾年來積極推動觀光，在里德橋附近栽植了佔地 25 公頃的花海，是全國最大的花海。一群愛鄉愛土愛滿州美景的鄉親們，齊心栽種面積廣大的波斯菊、百日草，來到這裡花香隨風吹來，遙望遠山、牧草與藍天，望著盛開的花朵，彷彿來到世外桃源，美不盛收的景色讓人心曠神怡。（http://www.manjhou.url.tw/homepage_4_eco-tourism_gan.html）。

四、港仔大沙漠──吉普車飆沙

九棚沙漠，又名『港仔大沙漠』。位於恆春半島東岸、九鵬溪出海口，地屬『滿州鄉』，面積廣達 200 餘公頃，具備台灣罕見的地理景觀，是國內最壯觀的沙漠奇景，來到這裡，同時可以欣賞海洋和沙漠。而當地居民也運用特殊的地形，以吉普車飆沙，也發展出獨特的沙灘活動。（http://www.manjhou.url.tw/homepage_4_eco-tourism_gan.html）。

五、港口溪漁村公園──衝浪

港口溪流經茶山吊橋，在漁村公園旁出海，出海口於冬天時，常因水流量減弱，泥砂堆積，將出海口封住了，而成為「沒口溪」，蔚為奇觀，其實是水流流經下層伏流出海去了。從茶山吊橋往佳樂水方向走，會發現一座停車場，署名漁村公園，這裡就是港口溪出海口旁著名的衝浪勝地了。

由於海流流向的關係，漁村公園海岸沖積為沙灘及台地地形，海岸也容易出現適合衝浪的高浪，岸上有衝浪板出租及教學商家，

目前成為墾丁地區與南灣齊名的衝浪天堂，除了國內衝浪好手喜歡外，日本衝浪好手因人文及飲食習慣相近，喜歡到滿州來衝浪。滿州鄉衝浪最佳的地點以港口溪出海口最佳，白沙灣及南灣也不錯，衝浪的浪板可租，衝浪店還提供民宿。（http://www.manjhou.url.tw/homepage_4_eco-tourism_gan.html）。

六、里德橋賞鷹

滿州鄉里德村裡有座里德橋，是賞鷹客最佳的攝影地點。每年九月的赤腹鷹，以及國慶日前後，繁殖於西伯利亞的灰面鵟過境，前往東南亞過冬，萬鳥盤旋，是賞鳥人以及野鳥攝影協會的年度大事，全國「鳥人」齊聚墾丁，俗稱「賞鷹季」。賞鷹又可細分為起鷹及落鷹，由於鷹群獨特的習性，牠們會順著上升氣流盤旋升降，形成獨特的「鷹柱」，煞為壯觀，而墾丁地區「起鷹」的最佳觀賞地點，是在社頂自然公園山區一帶，時間大約是凌晨日出時段；而「落鷹」的最佳觀賞地點，就非里德橋莫屬了，時間大約是在傍晚時分（屏東縣政府文化處，2008）。

七、南仁湖生態保護區

南仁山位在墾丁國家公園東北部，泛指八瑤溪以南、港口溪以北的 5800 餘公頃山區，海拔 526 公尺之萬里得山為本區之最高點，次高點則為 479 公尺高之南仁山。本區為天然熱帶季風林雨林，是台灣僅存的低海拔原始林；受到特殊季風及雨量季節性分佈的影響，孕育著非常豐富的生態景觀，囊括 1200 餘種高等植物、129 種蝴蝶、近 100 種的鳥類及多種哺乳、爬蟲動物等。

　　南仁山生態保護區珍貴之處，在於同時擁有丘陵、山谷、沼潭、溪流、草原等地形，並出現少見的「植被壓縮」現象，南仁山屬低海拔的丘陵地，在部分較開闊的盆地因缺少出水口，就形成小型的湖泊或沼澤，此即所謂的「南仁湖」。南仁湖原是隆起侵蝕面的殘餘窪地，包括三大水域：中央水域、獨立南仁湖及宜蘭潭（或稱南仁古湖），總面積約 28 公頃，天然水域僅有宜蘭潭一處，後因出水口被填土築堤，而形成面積廣大的水域。南仁湖的四周群山環繞，湖水來自山上的泉水和雨水，是一個天然淡水湖。湖區面積廣大（共分三區），蜿蜒環繞著部份小島，景觀原始粗獷；湖畔草木青翠，鳳蝶飛舞；湖水靜謐迎人，不曾乾涸。欣賞湖濱風光約需二小時，可盡窺低矮雨林和沼原景色；漫步其中恰然自得，彷彿置身世外桃源一般。

　　南仁湖屬於生態保護區，南仁湖畔則以水生植物為主，常見螢蘭、水毛花、野荸薺、銀蓮花……等；大量的水生及生濕生植物生長其間，正提供雁鴉科或鷺科鳥類棲息場所及食物來源。湖濱坡（草）地是觀察候鳥生態的最佳地點，更是小水鴨、綠頭鴨、大白鷺、蒼鷺……渡冬的好所在，還可見到灰面鷲、大冠鷲過境呢！

　　早期的南仁湖原僅是數個小沼地，經雨水在低山丘的山窪間匯集而成的。清領末期以降，農民在此依山勢築成灌溉用的水塘，以種植稻米為生；不過由於此地黃土貧瘠，稻米產量不高，所以稻田轉成水牛放牧地。民國 71 年西北角紅土溪的出口，被人工築堤堵塞，積水無法宣洩，才形成今天約 150 公頃的「南仁湖」。

　　南仁湖知性之旅可區分為：「原生植物之旅」、「地形景觀之旅」、「水文景觀之旅」、「動物生態之旅」四大部分。一般人所謂的「南仁湖」，是指南仁山的中央水域而言（南仁山區水域應含南仁

湖、宜蘭潭、中央水域），它位於屏東縣滿州鄉，墾丁國家公園東北角的南仁山生態保護區內，是南仁水域中最大的靜水型湖泊生態系統。

（一）原生植物之旅

南仁山區是台灣罕見的低海拔原始林區，這是由於其他低海拔區早已被開發，只剩南仁山地理偏遠才碩果僅存，故而保留下數百種的熱帶原生植物；僅是一個佔地 3 公頃左右的永久樣區中，共記錄了 212 種植物，其中有喬木 97 種、灌木 21 種、草本 74 種、藤本 20 種，更有數十種是僅存於南仁區的植物呢！

（二）地形景觀之旅

南仁湖以前並不是一個湖，而是一個個的小沼地，南仁湖（山）的地形地質，即是中央山脈向南延伸的山地丘陵區，由黏土、砂及磚岩所組成。登上南仁湖邊的小丘陵，可以眺望整個湖面，及高低起伏卻略趨平緩的（老年期）丘陸地形，配合漪漪湖光，鳥瞰的感覺令人心曠神怡。

（三）水文景觀之旅

南仁湖本身為一靜水生態系統，湖泊中的沈積物愈來愈優養化，其中營養鹽為浮游植物生長的基本要素，而浮游植物又更有助於水生植物的繁生，故使水體中的葉綠素含量增高；水生植物的繁生，會再滋促成湖邊生物的滋長，如此生生不息，形成一個植物生物的循環生態系統。除湖泊本身形成的生態系統，尚有分支溪流，河川形流水區等三種水體，又各自蘊成不同的系統，各有生趣。

（四）動物生態之旅

　　南仁湖是生態保護區，因此在未開發的情況下，區內仍有許多野生動物，用心察看保證收穫不少。沿著步道上山，黑白大斑蝶（大笨蝶）、粉蝶等隨處可見，青斑蝶、鳳蝶也比比皆是；人面蜘蛛（背部花紋像人臉）頗有看頭，松鼠、蛇類也偶爾帶來驚奇。

　　當雨水淹沒了溪（陸）蟹的巢穴，溪蟹就一隻隻的跑出洞外，當遊客走在登山的緩坡步道上，有時不小心就會踩死他們，所以得隨時隨地小心謹慎。若沿著南仁湖濱賞玩，也可看見長期棲息的小白鷺、牛背鷺、小燕鷗和翠鳥等，秋冬之際更吸引大批候鳥在此棲息，在此沼澤區竟記載了 80 多種的鳥類。（http://travel.pthg.gov.tw/CmsShow.aspx?ID=391&LinkType=3&C_ID=177）。

　　由以上的文獻可見，屏東縣滿州鄉的文化素材種類豐富，實為寶貴的文化資產，對語文領域教育，提供了內容豐富的文化素材與多樣性的形式可供運用。假若學校的教育沒有去運用這些素材，殊為可惜，故研究者欲將如此寶貴的文化遺產轉化為教學可用之素材，實為現今教育可進一步思考之課題。

第二節　排灣族琉璃珠與婚禮

　　本節旨在歸納整理有關排灣族琉璃珠與婚禮的文獻資料，共分為三部分。第一部分是排灣族概述，第二部分是排灣族琉璃珠與神話，第三部分是排灣族婚禮。

壹、排灣族概述

　　排灣族早期居住在北大武山西北部一帶，後來排灣族人逐漸從北大武山向南遷移，有的越過中央山脈到達東海岸，有的則繼續南遷至臺灣的最南端。排灣族的分佈地區，主要位於中央山脈南部山地及其東南山麓直到沿海地區，北起武洛溪上游的大母母山一帶，向南直到恆春半島，北方與魯凱族相鄰，西側與平埔族相鄰。

表 4-2　排灣族兩大系統

排灣族大體分為 Raval（拉瓦爾）與 Butsul（布曹爾）兩個系統

亞族	族群		分佈區域	鄉鎮名稱	主要村落	附註
拉瓦爾亞族（Raval）	拉瓦爾群（Raval）		主要聚落地在武洛溪上游，海拔約800公尺處。	三地門鄉	大社、賽嘉、口社、安坡、青山、達來、德文、三地	佔據排灣族最北端，三面有魯凱族圍繞，因地緣關係，風俗習慣受其影響。
布曹爾亞族（Butsul）	北部排灣	布曹爾本群（Butsul）	自口社溪以南，林邊溪以北。	瑪家鄉	筏灣、瑪家、三和、北葉、佳義、涼山	排灣族的布曹爾群從此向南或向東次第移動，此群將原居住地稱為 Paumaumaq，故以巴武馬稱之。
				泰武鄉	萬安、平和	

				泰武鄉	萬安、泰武、佳平、武潭、佳興	
		巴武馬群（Paumaumaq）		來義鄉	義林、來義、古樓、望嘉、文樂、南和、丹林	
				春日鄉	七佳、力里、歸崇、古華、春日、士文	
				獅子鄉	部分內獅、南世、獅子	
	南部排灣	查敖保爾群（Caupupulj）	北自率芒溪以南，南至獅子鄉草埔村。	獅子鄉	內獅、南世、獅子、竹坑、楓林、內文、丹路、草埔	由勢力最雄厚的屏東縣獅子鄉內文村內文社之大股頭目 Rovaniaw 家及二股頭目 Tsuleng 家支配下住民為 Caupupulj，為部落總稱。另有 Sebdek 群居住於
				牡丹鄉	東源	

		薩布力克群（Sebdek）		獅子鄉	竹坑	查傲保爾群之南，分佈於獅子鄉、牡丹鄉等地，習慣上併入Caupupulj群。
	南部排灣	巴利澤敖群（Parilarilao）	分佈於恆春一帶，北與薩布力克群為界。	牡丹鄉	石門、牡丹、東源、高士、四林	除原來的排灣族群外，參雜卑南族、阿美族及平埔族，居民較複雜，東源是由查傲保爾群移民過去。
				牡丹鄉	旭海	
				滿州鄉	滿州、里德	
	東部排灣	巴卡羅（Pakarokaro）	分佈於太麻里、金峰、大武、達仁鄉境內，中央山脈東斜面，大武溪、大竹高溪、虷子崙溪、太麻里溪流域。	金峰鄉	嘉蘭、歷坵、新興、正興、賓茂	推測此群自巴武馬之居地向東或東南越過中央山脈逐漸移來居住。但卻遭遇卑南、阿美及不明種族矮人（ngaurur）等異族及東海岸新環境之影響，在土俗上已有些不同。
				大武鄉	大武、大鳥、大竹、尚武、南興	
				達仁鄉	土坂、台坂、森永、新化、安朔、南田	

			太麻里鄉	泰和、大王、金崙、多良、溫泉	

參考資料來源：傅君，《臺灣東部排灣族的山田農業：一個文化生態學的探討》1998 年、童春發《台灣原住民史‧排灣族史篇》，2001 年台灣省文獻委員會編印。

貳、排灣族琉璃珠與神話

　　台灣原住民各族中皆持有琉璃珠，其中以排灣族的數量最多，色澤、質地較特別也較重要。排灣族將綴珠的技巧運用於衣服上的紋飾，在台灣原住民的服裝上可說是一大特色，使用的是不同顏色的小玻璃珠。排灣族的珠飾中，以大型多彩琉璃珠所穿綴而成的頸飾與胸飾，最為傳統和貴重。琉璃珠的種類與傳說（參考附錄三）。

參、排灣族婚禮

　　在「番族慣習報告書」就曾描述 1920 年代大頭目家傳統 tiuma 婚禮：

　　驗聘之日或是隔日，男家帶聘物來到女家。此外，男家還要帶規定形式的木材來。一行人來到女家，女家的人持槍對空鳴槍。男家帶木材在女家庭院前建立鞦韆架。完成後，男家的人背著女孩試盪鞦韆，稱為 pabutiuma。當時的佳平，女孩可以用手碰一下鞦韆繩（lakai）即可，年輕的女孩都可以去試坐。之後，新人要行 smaguc 的禮儀（兩人鼻頭相接），這時新娘要拒而逃入山中，此為「ki-iLa」。

兩家親人去找之，找到後又再進行 smaguc 的禮儀，新娘仍要拒絕，這次是要逃到民家躲起來，稱為 kiurau。兩家親人又去找之，並且對新娘怒號，找到新娘的人可以得到鐵器，如果是女家自己找到的話，報酬又要更多。新娘被找到的人背回來後直接來到室內的窗下椅上坐著，此時媒人以毛布遮住新娘的面容，請新郎進屋後，新人行 smaguc 禮與 bundol 禮（以手握乳），最後，毛布除去，兩人並坐，由女巫（maLada）進行 cumadaran 的祭儀，祝福兩人並給'avay 吃。之後，女巫一番訓話後，進行同衿之禮。新娘衣裙緊密縫起，當夜，女伴陪同新人同寢。第二天，新郎入山採木材，新娘到男家的田地採地瓜或野菜。數日後，女伴離去，新郎才可以自己解開新娘衣服的縫線。經過兩三日後，新郎送給女伴布或是刀後，女伴才將縫線完全除去，兩人才可以合歡。如果男方自行除線，要罰酒或鐵耙。一旦完成男女之事後，新郎通知媒人，傳達給男家，男家帶酒與'avay 到女家去，此時，未給的聘物：kikazara（家、土地兩件或是這兩件的替代物），也一併給女家。然後，夫婦兩人回到男家，稱為 pasacumagan，大家歌舞同歡（台灣總督府蕃族調查會 1920：83-84）。

　　該書以「正式婚」稱之，為頭目家與有力的平民家所行的婚禮形式，相對於一般人的平民家的「略式婚」（台灣總督府蕃族調查會 1920：46）。正式婚大致上分成議婚、納聘、成婚三個階段。

　　到了日本時代 1933 年（昭和 8 年），當局認為「舊有的排灣婚禮，不僅做糕、釀酒、殺豬，同時還全社舉行二日乃至三日夜的酒宴，導致家業的怠忽而容易引發衝突事件」，於是透過同窗會改組成青年會之際，提出「婚姻的舊慣改善」，簡稱「婚姻改善」。（邱馨慧，2001 年）「婚姻改善」提出了 7 條規定：1.婚姻必須當事人

要願意，父母親要同意才行，2.結納金最大限度為 15 元，且為現金，3.婚禮要在社祠或是教育所中舉行，青年會員與社的役員列席，部落內絕對廢止酒宴歌舞，4.婚禮的舉行限制為一日或是一夜，5.給頭目的婚姻租要廢止，6.廢止舊慣：女子若婚後要到男家去，男子必須去女家服勞役的規定。但是若女家無男或年尚幼，並不禁止女家以招夫招婿的方式要求男子婚後到女家去，7.一般人如希望在青年會結婚的話，將比照青年團員的方式辦理（台灣總督府警務局理蕃課，理蕃之友第 2 年 11 月號：11）。

目前在排灣社會，不僅議婚時要談訂婚、喜餅、等平地習俗外，如果女家具有頭目身份也會討論傳統婚禮的形式。另外，由於信仰天主教、基督教，婚禮常常兼採宗教婚禮（彌撒、禮拜）與傳統婚禮。（邱馨慧，2001 年），以下介紹當代的婚禮。

一、拜訪（kivaLa）與議婚（malavartapucekel）

婚禮舉行前，兩家必須完成婚事的商量。婚事主要是靠雙方的媒人或介紹人奔走於兩家之間傳達信息，因為彼此仍有些私下的商量必須另外進行。目前的婚俗來說，男家若屬意某家的女兒，可以帶著禮物去拜訪女家的長輩以示禮貌，稱為 kivaLa173，即去拜訪老人家一下。男家所帶的禮物包括最基本的檳榔、酒以及 avay、cinavuu、saida 等飲料。一旦雙方有意結親的話，男家就攜帶禮物到女家進行第二次的拜訪，這次則是要進一步討論聘物、聘金，喜餅等事宜，介紹人也會在場，稱為 malavar ta pucekel。malavar ta pucekel 時具有頭目身分的家必須要到本村大頭目家 jingurul 家正式去談，由於在大頭目家舉行，基本上村民都可以過去旁觀。雙方除了聘物、聘金外，還必須決定婚禮形式以及種種女家要求的事

項。一般非頭目家議婚時，地點會在女家。然而，不管是否具有頭目身份，相關家族的老大原家必須有代表參加（邱馨慧，2001 年）。

malavar ta pucekel（議婚）的過程包括一定的禮儀，不管是在大頭目家或是在女家談，男家到了後必須在大頭目家或是女家的庭院前放鞭炮，鞭炮有通知人家「我們已經到了」的意思。除了放鞭炮是大家皆有的行事外，在大頭目家的 malavar ta pucekel，外村的男家到了後，在開始談婚事前，必須先給女家村子兩項禮：

(一)「sinisupuluan」：頭目家的禮數，具有除喪意義的禮同時也是一項「有名字」的禮。通常是酒，該酒就稱為「sinisupuluan」，此詞有「死掉的東西」之意。

(二)「siniduvai ta'inalan」：表示請部落「開門」之意，一般是說男家要給 1000 元的紅包，由 kaLaingan 代表全村接受，給全村買酒喝。

除了上述兩項禮外，malavar ta pucekel 時男家還需帶禮物來。一般人家赴女家去談婚事時，為了尊重女家，通常會帶酒、檳榔，甚至有送活豬一隻，或者是帶著煮好的菜過去與女家一起會餐。

二、驗聘：'emayam

男女雙方談好聘物後，男方回去準備聘物，。聘物準備完成後就通知女方過去飲宴歌舞，這一日或隔日，女家的主婚人、媒人等會到男家進行驗聘，稱為'emayam，也就是看聘物、看婚禮儀式物品。接下來，兩家將分頭忙婚事的進行，特別是婚禮前的準備。當代的驗聘除了雙方多有文字記錄外，仍是女家過去男家會餐並且——核對男家準備的聘物。

三、婚禮前的準備

　　傳統婚禮的準備主要為聘物以及婚禮儀式用物。一般而言，聘物多屬於排灣觀念中的財產範疇，因此不同的村子也比較有相同的物類與標準；但婚禮儀式用物，不同的村子常有不同的習俗。當地人說「習俗」（kakudan）很多」，一旦物的處理稍有不合，男家在傳統婚禮中的「介紹物品」（pasemaLamaLav）過程就會被罰錢。於是如果不同的村子聯姻，女家又是佳平的頭目家時，外村的男家往往會拿錢交由女家代為辦理「山地習俗」，指的就是婚禮儀式用物。男家除了怕不會辦理而不符合本地的規定外，也擔心一旦不合規定，在婚禮過程中若產生不愉快，將影響兩家的和氣。傳統婚禮的準備工作，大體為下列行事：婦女唱歌、砍木材、女家邀宴男家砍木材的親友，婚禮儀式用物的製作等。

　　婦女唱歌：傳統婚禮舉行前的兩天晚上，婦女們要一晚先赴大頭目家、次晚到女家具有頭目身份的老大原家唱歌。

　　砍木材、女家邀宴與製作婚禮儀式用物：男家要砍木材、處理木材形制，舉行 tiuma（鞦韆）婚禮還包括在大頭目家的庭院建立 tiuma（鞦韆），製作兩種婚禮所食用的'avay（小米糕），還有檳榔冠以及為婚宴的每一桌包一袋檳榔。

四、傳統婚禮

　　傳統婚禮舉行當天，一旦下雨，除了物品的介紹可以移到室內進行外，其他戶外的儀式與活動則必須取消，並不能延期。

　　結婚當日通常一大早，女家帶著新娘到山上等待男家來找，即是所謂的「ki-iLa」。到了開始舉行婚禮時，男家要帶著聘物、婚禮

儀式用物來到大頭目家的庭院，稱為「vaikanga paukuz」（=vaikanga kisudu）。接著是以大頭目家、新娘家族的老大原家、男家為主要活動地點的儀式，依序為：在 tiuma 的下方進行介紹聘物、婚儀物品的「pasemaLamaLav」、宣示新娘身份的「penalang」儀式、新娘要跑到樹下，新郎再來迎接此為「kisaLav」儀式、對大頭目家系的分酒儀式（temulen ta vava）；然後，新娘回到象徵頭目身份來源的老大原家，由男家前來迎接要去男家，稱為「paki-aLap」儀式，隨後男家將新娘迎回男家，進行最後的「papukizing」的儀式。各項儀式間是以跳舞（zemian）來銜接，當地人說：「每做完一個動作，就是跳舞」。

五、婚宴

在婚宴開始之前，會有一項更增添熱鬧氣氛的節目，那就是婚家的親戚以公開抬禮物的方式向婚家祝賀，當地的說法是「抬豬」（'emaLu）。以前只有大頭目家（jingurul 家）出來的家，婚宴才有抬豬，而且抬的禮物豬是要分給全村的人共享的。現在不管有無頭目身份，辦婚事也同樣會加入抬豬的。介紹抬豬的隊伍入場後，就開始由婦女會成員到舞臺上唱歌，她們會穿上一致的服裝，有時也是婚家贈與的服裝。之後，開始用餐。

六、跳舞

婚宴之後的跳舞是比較正式的，大家大多也會穿著正式一點的服裝，同時，長老也會出席觀舞，大家手牽手圍成圈跳舞，舞圈呈開放式，並不完全接合，可以自由地與熟人跳舞而不斷加入舞圈。新人們也會換上傳統服裝加入舞圈共舞。

綜合以上所述，琉璃珠的名稱與意義中，有些關係宗教信仰；有些關係婚聘；有些在張顯權力；有些象徵財富；有些則驅邪避凶……等等。而婚禮中的儀式受到時代、社會文化衝擊與宗教婚禮影響，與傳統婚禮儀式有一些改變。研究者嘗試把排灣族傳統的婚禮及琉璃珠，融入課程中，藉由排灣族傳統婚禮的介紹，讓學童更進一步瞭解自身的傳統禮儀；也藉由排灣族的神話故事，讓學童更進一步瞭解自身的傳統文物－琉璃珠。將部落文化與學校課程連結，協助學生跨越文化差異的鴻溝，進而提昇學生的國語文能力與族群關係。

第三節　融入課程之文化素材

九年一貫已實施多年，而學校本位課程發展是九年一貫的重點所在，研究者目前所服務的學校，只有排灣族的舞蹈、歌謠及刺繡的社團活動，未曾把當地的自然及人文資源融入校本課程中，所以我嘗試把屏東縣滿州鄉當地的文化素材當作課程內容與研究題材，進而發展出屬於長樂國小特色的校本課程。

電影「海角七號」引起了廣大的回應，學生們紛紛談論此話題，這部電影正是在滿州鄉拍攝，劇中女主角送給男主角的琉璃珠也是排灣族的傳統文物之一，這興起了研究者把琉璃珠的神話故事融入讀寫課程中，我想這樣的課程，學生不僅更能認識自身的文物，也能提高學童的閱讀興趣，進而提升學習表現。

每年第一次春雷乍響，滿州鄉山區的青蛙便開始交配，鄉民們便會利用此機會到田裡、山區抓青蛙，把這些當地的生活型態放入

讀寫課程中，應會是有趣的題材。研究者把融入課程的文化素材，區分為四大類。第一類學區內的自然景觀：包含南仁湖、九棚沙漠、佳樂水、港口溪、南仁山、港仔溪等。第二類學區內的自然生態景觀：有種類和數量都很豐富的蛙、蛾、蝶、甲蟲、猛禽及爬蟲類。如：小雨蛙、褐樹蛙、金花蟲、豹紋蝶、大冠鷲、赤尾青竹絲、凹足陸寄居蟹等。第三類排灣族傳統文物：包含琉璃珠、陶壺、青銅刀、刺繡、籐編、竹編、月桃席的製作等。第四類排灣族傳統祭儀：包含傳統婚禮、五年祭、豐年祭。

　　研究者考量學生能力、現行課程、授課時間及現有資源，設定要融入課程的文化素材有四大主軸。一是排灣族傳統的文物；二是學生的生活經驗；三是排灣族傳統的禮儀；四是生活空間的認識。從第一個主軸：排灣族傳統的文物，發展出孔雀王子。藉由排灣族的神話讓學童更進一步瞭解自身的傳統文物－琉璃珠。從第二個主軸：學生的生活經驗，發展出井裡的小青蛙。藉由學童自身的生活經驗，讓學童認識童詩。從第三個主軸：排灣族傳統的禮儀，發展出排灣族的婚禮。藉由婚禮的介紹讓學童更進一步瞭解自身的傳統禮儀。從第四個主軸：生活空間的認識，發展出美麗的南仁湖。藉由南仁湖的介紹，讓學童更進一步認識本地的自然環境景觀。

　　研究者擔任國小教師工作長達十餘年，並大多在鄉下或偏遠地區任教，在教書生涯中，看到許多讀寫不利的孩子，剛開始任教的前幾年，遇到了這樣的孩子便歸因於學習者用心不足、文化不利、無人教導等，但我不停的教導、學生反覆的練習，這些孩子依然跟不上學習的腳步，最後，總是落得教學者滿腹無奈、學習者飽嚐挫敗的下場。於是我開始思索一個問題，難道這些讀寫不利的孩子除了被貼上標籤註明之外，就沒有其他的路可走嗎？

　　很幸運的，在研究所的進修生涯裡裡，接觸到文化回應教學相關理論，讓我更加確信這些孩子並不是學不會，而是他們還沒找到適當的方式學習。然而正因為這些孩子通常在學習上是需要被引導、協助的，他們自然也無力自我追尋適合學習的方式。這樣的重責大任就必須交由教育工作者來擔負，所以教學者更有責任與義務去察覺教學與學生學習上的問題，並去探究問題背後的成因，試著找尋解決之道，那才是真正的教育之道！

　　如何與學生的學習問題共同奮鬥，診斷並治療他們所面臨的困難；也如何讓學生認識、保有、甚至傳承自身傳統文化的特點，即是課程可以著墨的地方。因此研究者在設計課程時，盡量融入當地的自然環境、風俗民情、生活經驗與傳統文物等，再從學後的學習單中，審視學生的改變，試圖藉由課程設計增加學生的在地意識；由視覺化的學習，提高學童的閱讀寫作興趣及理解能力，進而提昇學習表現。

第五章

文化回應教學運用於讀寫課程設計

　　本章旨在說明以文化回應教學運用於讀寫課程設計之理念、原則目標與活動內容，全章共分為三節。第一節說明研究對象基本能力分析；第二節敘述課程設計理念與原則；第三節為建立目標階段；第四節闡述文化回應課程的形塑與活動設計。分述如下：

第一節　研究對象基本能力分析

　　本研究研究對象為研究者任教學校——長樂國小三年級學生28 位，其中男生 16 位，女生 12 位。柯華葳（1994）指出學生的閱讀行為和成就受其背景（性別、種族、社經關係……）和特質（學習策略、自我概念……）的影響。因此在課程設計前，茲將研究對象讀寫的基本能力做一個陳述與分析，以了解學生讀寫行為所呈現的一般狀態和風貌，期望能設計出適合他們的讀寫課程。

　　本校三年級學生閱讀習慣呈現比較被動的狀態，自發性閱讀比較少，往往是被要求了才會閱讀，學生閱讀的題材不夠廣泛，閱讀的量也不夠多。開始閱讀時，只有一小部份的學生能專注看書，大部分的學生還會受外面環境的影響，以致於無法專注閱讀，我發現他們興趣昂然的不是閱讀本身，而是在那走來走去的找書換書的過程。

　　因為我並非學生們的導師，為了要更了解他們的寫作能力，我從他們所寫的日記、作文及他們的導師訪談中得到一些訊息。得知大部分的學生沒有寫日記的習慣，甚至有些學生尚未有寫日記的經驗，因此只寫了短短幾句，短句太多、字數太少，只是達意而已。除了有幾個學生表達還算完整外，大部分的學生不是錯別字太多、詞彙不足，就是完全沒有標點或句子不完整。

　　在國語教科書的部份，背書和聽寫表現的很不錯，解釋生詞時喜歡利用情境脈絡進行說明，在使用口語表達時，也有簡化、省略的現象。例如：在進行「……一面……一面」的造句練習時，學生會直接寫出「一面看書，一面聽音樂」「一面吃飯，一面看電視」的句子，這樣的現象說明了學生雖然會去搜尋自己的先備經驗，但他們並不會將所有的詞語做進一步的修飾，所以目前仍無法使用語言完整溝通及表達。

　　在寫作方面，喜歡用對話形式呈現，有時會離題，東拉西扯，內容往往也乏善可陳，每段的字數差距太大，有的太多，有的太少，或是句型單調、分段不適合，遇見不會寫生字，會直接寫注音，查字典的能力和習慣要加強，這些是目前學生寫作時所常見的問題。

　　針對上述學生讀寫的問題，我希望能激發學生的學習興趣，展開三年級的閱讀與寫作經驗，故以當地文化脈絡為基石，配合課本單元主題與分段能力指標，設計一套為本校三年級學童所量身訂做的讀寫課程，期望他們能享受吸收知識的美好，體會語言樂趣，進而提昇語文能力。

第二節　課程設計理念與原則

壹、課程設計理念

　　就九年一貫課程的學習規劃而言，橫斷來說注重學習領域間的「統整」，縱貫來說強調學習階段的「進階、銜接」。因此「舉凡階段銜接處，即須總結評估前一階段之基本能力，並規劃新一階段之學習目標」（許學仁，2000b）。

　　三年級處於階段「啟」的第一階段（國小一至三年級），兼具第一階段與第二階段（國小四至六年級）間段「承、轉」之關鍵角色，且為第一階段「合」之關鍵樞紐；況且針對「閱讀能力」而言，許多相關研究皆指出第一階段是「學習閱讀」的階段，第二階段學生則開始進入「從閱讀學習」的階段，所以三年級亦居於從「學習閱讀」過渡「從閱讀中學習」的橋樑地位（柯華葳、游雅婷，2001；臧鐵軍，1998）。因此研究者認為三年級對於國語文領域發展處於關鍵地位，故選定三年級為課程設計的年級。

　　研究者在教育現場中觀察教師進行國語文領域的教學活動現況，以進一步分析並觀察學生的學習情形與學習困境，與教師討論、評估學生的起點行為與先備經驗，並研讀相關理論的心得結果，以作為教學設計之依據。研究者藉由與同事們的討論及學生的談話中得知，本校大部分學童的家庭背景屬於缺少文化刺激的背景，所以學童在語文能力的表現是有待提升的。各出版社國語課本中範本選用和課程設計仍以漢文化為主軸，和原住民學生的生活經驗無相關聯結，許多程度落後的學生，漸漸呈現低落的學習動機。為了活化學生的學習，唯有改變自己的教學習慣與模式，轉換成以

「學生為中心」的教學，創造學生感興趣且有意義的學習，是研究者在課程設計所要努力的方向。

目前學校課程對於原住民本身生活環境、歷史、文化著墨不多，隨著社會經濟結構的變遷、部落組織的瓦解，在漢民族主流文化強烈運作之下，部落耆老有心將文化傳統傳承延續下去，但成效有限，新一代原住民對自身族群文化知能呈現侷限不足狀態。學校教育中，語文是一切學科的根基，所以語文教學是國小教育的重心，聽、說、讀、寫是國小語文領域的主要學習技能，其中閱讀佔著極重要的地位，更是發展其他能力的重要基礎，因此強調學校中的閱讀教學，除了提升語文寫作方面的能力，同時更是其他領域的基石。若在聽、說、讀、寫教學中融入學童熟悉的人、事、物，讓學童們瞭解所生活的歷史、人文故事、生活環境等，避免學生因文化差異而產生學習障礙，不僅可以提昇學習興趣及成效，並經由文章內容之互動，對自身文化及家鄉產生新的認知與認同。

基於上述理由，本研究採用文化回應課程設計，試圖從現行的文本中找尋可以學生文化脈絡及生活經驗連結的觀點，作為設計核心，利用多樣性課程內容，配合學習式態的教學策略，透過課程與教學的整體革新，激發學生的學習興趣，來改善研究者的語文科教學。有了閱讀的興趣之後，經由廣泛、多元的閱讀，再加入觀察與生活體驗，多讀、多看、多寫，在初學寫作時，學童需要持續性的支持與充分的時間，藉以提升學生閱讀及寫作能力，以學生的知識基金為基礎，讓師生共同建構屬於學生自己的知識。

貳、課程設計原則

研究者根據南一版國語三下課程，規劃學習主題，包括鄉土情懷、不一樣的經驗、真摯的情意、美麗的大地四大主題，設計出讀寫課程的學習概念。本研究課程設計的原則依學生生活環境、經驗、自身文化脈絡為基礎，設計教學議題，強調教與學文化的一致性，及多樣化的課程內容。

一、結合學生生活經驗為設計教學議題

原住民學童長期生活於部落，相當習慣部落的文化、語言與自然環境，若能在學校教育內重視學生的部落生活經驗，將有助於銜接生活經驗與學校學習。因此本研究課程設計的概念建構與主題選擇以學生熟悉的生活環境、經驗、自身文化脈絡來引發動機，或為教學題材，欲透過提供相似環境、經驗的文本，讓學生體會文章中的核心價值，由自身的生活經驗出發去用心感受，以讓學生更加關懷、了解自身文化與生活環境。

二、以學生為主體

教材編選需注重學生的認知能力、心智發展、學習興趣與適才適性的潛能發展。教材編選詞彙符合淺語，用句難易適度，文章字數淺短，忌諱長篇累牘，內容力求簡潔活潑、生動有趣，文體不限特定形式，或以詩歌、散文、童詩、歌謠、故事等方式呈現。以學生為學習的主角，最好的學習方式，就是自主學習，教學只是提供充份的感官經驗。所以，課程設計原則，要適切地幫助學生自主學習，活動設計以自導式、體驗式、發現式、探索式、趣味性等方式最為理想。

三、課程內容多元性

雖然教課書的開放，課程取材變得多元，不同種族的文學作品都入選為教課書的內容。但在漢文化的主導下，原住民文學佔的比率偏低，不足以呼應學生的生活經驗，於是研究者欲利用文化回應的課程提供族群歷史、貢獻等內容深化學生的族群知識；另外，藉由運用本地的自然資源為教材，讓學生從自己的生活環境裡去學習，進而培養學生的公民責任。

四、生命力的延續

文化回應課程融入學生自身的文化、語言、生活經驗，讓學生看到自己祖先的智慧，不僅能瞭解自己所處環境的生活知識與價值，使學生擁有自尊與自信，知道自己的定位與價值，同時，原住民的生命力也透過我族文化與語言的傳承，不斷延續下去。

五、經驗的主張

將學生與知識、教材、內容、科目等此類事物與環境產生交互作用產生的結果，加以設計後產生課程，用「計畫者」來看待，以學生的學習計畫，包含學習目標、內容、活動、評鑑工具程序等來為課程設計之安排。課程設計可分狹義與廣義兩種，狹義的課程設計近似課程計畫的範圍，廣義的課程設計可以說與課程發展近似，針對目標、選擇、組織及評鑑等步驟之整合。但又可區分為不涉及教學與納入教學兩種類型，本研究的課程設計中，應屬於廣義定義中不涉及教學的課程設計作為討論的重點。

第三節　建立目標階段

　　本節共分為：一是決定採用課程設計之模式；二是現行課程內容分析；三是建立課程之範圍；四是課程設計架構，來探討課程決定目標之研究過程。

壹、決定採用課程設計之模式

　　研究者認為在主題式課程實施下仍應顧及現有的課程，以使學生能建構更完整的系統性知識，故配合學校體制內的課程內容，以附加式課程模式實施。本研究依據南一版國語三下的課程內容，加以組合選擇進行課程設計，並確定課程實施的內容，而課程設計的模式從下列的思考面向進行：

一、教師個人的能力庫：一個好的教師不僅是具備專業的能力，還要兼顧促進學生的學習動機與提供良好的學習環境，扮演仲介學習的角色，為學習者提供學習鷹架，因此唯有強化教師個人的能力，方能使課程設計趨於完善。

二、班級的社會狀態：教學另一個中心是班級，成功的計畫有賴於老師考慮班上的狀態，並據此執行。教師必須考慮學生的生長地是都市、鄉村、或是種族融合的區域？家長對於孩子的教育態度如何？學校支持文化回應課程的實施嗎？班級是否有凝聚力？學生喜歡何種課程？可以接受什麼樣的教學方式？何種教學方式是最能協助學生建構完整概念？

三、誘發學童內在需求，進而引發讀寫事件：藉由教學情境喚起兒童相關經驗，誘發學習熱忱，教師必須將口說語言與書寫語言

之歷程作完整、細膩的轉化，培養兒童自然使用文字表達的溝通習慣。

四、課程內容：教學內容配合南一版國語三下的學習主題鄉土情懷、不一樣的經驗、真摯的情意、美麗的大地等四單元，並以本地文化為素材，回應至國語文課程中。本研究之課程設計的單元有：孔雀王子、井裡的小青蛙、排灣族的傳統婚禮及美麗的南仁湖等四個單元。

貳、現行課程內容分析

根據國小三年級下學期南一版國語課本編選的教材，各課的內容整理分析，選擇部分課文中適用的核心概念，把其中相關因素轉化設計成回應母文化的教學內容，讓學生學習國語時，也以附加課程的方式回應自身族群知能，提升學習的動機。附錄四是南一版國語課本的分析。

參、建立課程之範圍

一、分段能力指標。本研究之學童為國小三年級學生，屬於九年一貫第一階段之兒童，本研究之課程設計，乃根據教育部（2000）國民中小學九年一貫課程暫行綱要公布的分段能力指標來設計課程。

二、本研究擬定的教學目標，如表 5-1。

表 5-1　能力指標對應表

聆聽能力
B-1-2-4-3 能聽出別人所表達的意思，達成溝通的目的。
B-1-2-7-4 能有條理的掌握聆聽到的內容。
說話能力
C-1-1-2-5 能用完整的語句回答問題。
C-1-1-3-8 能清楚說出自己的意思。
C-1-1-4-9 能清楚覆述所聽到的事物。
C-1-4-9-3 能依主題表達意見。
識字與寫字能力
A-1-4-3-1 能利用注音符號輔助認識文字。
D-1-1-3-2 能利用部首或簡單造字原理，輔助識字。
D-1-2-3-1 能利用音序及部首等方法查字（辭）典，並養成查字（辭）典的習慣。
閱讀能力
E-1-1-1-1 能熟悉常用生字語詞的形音義。
E-1-2-1-1 能讀懂課文內容，了解文章的大意。
E-1-2-2-2 能分辨基本的文體。
E-1-2-6-4 能從閱讀過程中，了解不同文化的特色。
E-1-2-9-5 能提綱挈領，概略了解課文的內容與大意。
E-1-3-1-1 能培養閱讀的興趣，並培養良好的習慣和態度。
寫作能力
F-1-1-2-2 能在口述作文和筆述作文中，培養豐富的想像力。
F-1-3-4-2 能認識並練習寫作簡單的記敘文和說明文。
F-1-4-6-2 能寫出自己身邊或與鄉土有關的人、事、物。
F-1-6-3-1 能概略知道寫作的步驟。
F-1-7-1-1 能認識並練習使用標點符號。
F-1-8-2-1 能分辨並欣賞文章中的修辭技巧。

肆、課程設計架構

課程設計架構如圖 5-1 所示：

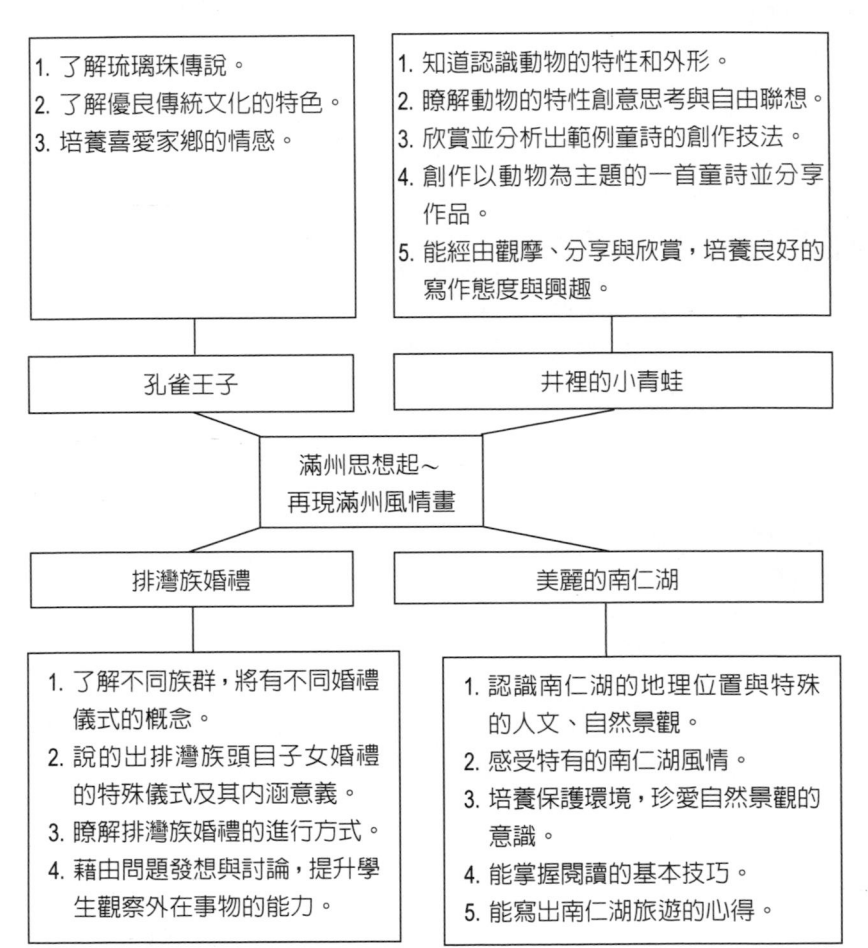

1. 了解琉璃珠傳說。
2. 了解優良傳統文化的特色。
3. 培養喜愛家鄉的情感。

1. 知道認識動物的特性和外形。
2. 瞭解動物的特性創意思考與自由聯想。
3. 欣賞並分析出範例童詩的創作技法。
4. 創作以動物為主題的一首童詩並分享作品。
5. 能經由觀摩、分享與欣賞，培養良好的寫作態度與興趣。

孔雀王子

井裡的小青蛙

滿州思想起～
再現滿州風情畫

排灣族婚禮

美麗的南仁湖

1. 了解不同族群，將有不同婚禮儀式的概念。
2. 說的出排灣族頭目子女婚禮的特殊儀式及其內涵意義。
3. 瞭解排灣族婚禮的進行方式。
4. 藉由問題發想與討論，提升學生觀察外在事物的能力。

1. 認識南仁湖的地理位置與特殊的人文、自然景觀。
2. 感受特有的南仁湖風情。
3. 培養保護環境，珍愛自然景觀的意識。
4. 能掌握閱讀的基本技巧。
5. 能寫出南仁湖旅遊的心得。

圖 5-1　課程設計架構

第四節　文化回應課程的形塑與活動設計

　　Gay（2000）提出多元文化課程內容有助於提升少數族群閱讀和寫作能力，研究者想要利用這些貼近族人生活、想法與感情的文學作品為觸媒，引導學生克服寫作與閱讀的恐懼，在人與人，人與文學的多元對話中，建構學生自己對事實真相的看法。原住民孩子在學業成績上的技不如人，或許是文化差異，或許是家庭經濟的支持較少。因此，為了減少課文文化差異與提升閱讀和寫作能力，將結合學生的生活經驗與文化來設計課程。

壹、活動課程的形塑

　　在不影響課本進度之下，選擇學生最弱、也是研究者最可以發揮的空間—閱讀和寫作進行文化回應教學，利用原住民文化與學生的生活經驗當教材，用摘要、心得取代傳統寫作學。

　　避免說教式教學，所以我試圖將呆板的課程轉為實用的活動，讓學生相互合作用去找知識，在自我的文化中引起學習興趣，達到真實學習的目的。因此選擇孔雀王子、井裡的小青蛙、排灣族婚禮與美麗的南仁湖為題材，不論是寫作風格、文章的議題，都是能引起學生共鳴的熟悉事物，讓學生能輕易接受閱讀這件事。有了閱讀的感動，再以寫作為延伸，作文就不再窒礙難為。利用主題探索、分組報告、童詩仿作與支援前線讀短文的實作活動，讓學生整理資料，上台報告與他人分享，將書本中聽說讀寫的能力，運用於生活之中、課堂之上。利用階段漸進的模式慢慢地培養學生的語文興趣與能力，澄清自我定位與價值。

依據上述的理念，本研究的課程設計以在不影響課本進度之下，配合南一書本的單元來進行設計。

貳、活動課程的安排

根據課本及文化回應教學的「核心概念」著手擬定各單元教學活動設計與流程（參考附錄五），並依據四大主題進行資料收集與教具製作，教學設計綱要如表 5-2：

表 5-2　教學設計綱要

主題一：孔雀王子	
文體	記敘文
設計理念	藉由排灣族的神話讓學童更進一步瞭解自身的傳統文物－琉璃珠，養成重視傳統優良文化的態度。
教學目標	1.了解琉璃珠傳說。 2.了解優良傳統文化的特色。 3.培養喜愛家鄉的情感。
教學活動	1.琉璃珠傳說。 2.認識琉璃珠。 3.介紹琉璃珠的製作過程。 4.介紹傳統琉璃珠的使用。
分段能力指標	E-1-2-6-4 能從閱讀過程中，了解不同文化的特色。 E-1-3-1-1 能培養閱讀的興趣，並培養良好的習慣和態度。 E-1-1-1-1 能熟悉常用生字語詞的形音義。 A-1-4-3-1 能利用注音符號輔助認識文字。 D-1-1-3-2 能利用部首或簡單造字原理，輔助識字。 D-1-2-3-1 能利用音序及部首等方法查字（辭）典，並養成查字（辭）典的習慣。

主題二：井裡的小青蛙	
文體	詩歌
設計理念	童詩創作的訓練是邁向作文寫作的方式之一，讓學生由自己最喜愛、最容易接觸的動物開始，先觀察特性、外形進而用簡短的詞語表達心中的想法，除了自然觀察，更可以使用語文的運用，而產出實體作品。
教學目標	1.知道認識動物的特性和外形。 2.瞭解動物的特性創意思考與自由聯想。 3.欣賞並分析出範例童詩的創作技法。 4.創作以動物為主題的一首童詩並分享作品。 5.能經由觀摩、分享與欣賞，培養良好的寫作態度與興趣。
教學活動	1.童詩欣賞 2.介紹童詩的寫法 3.童詩仿作 4.成語猜猜看
分段能力指標	F-1-1-2-2 能在口述作文和筆述作文中，培養豐富的想像力。 F-1-8-2-1 能分辨並欣賞文章中的修辭技巧。 E-1-2-1-1 能讀懂課文內容，了解文章的大意。

主題三：排灣族婚禮	
文體	說明文
設計理念	藉由婚禮的介紹讓學童更進一步瞭解自身的傳統禮儀。
教學目標	1.了解不同族群，將有不同婚禮儀式的概念。 2.說的出排灣族頭目子女婚禮的特殊儀式及其內涵意義。 3.瞭解排灣族婚禮的進行方式。 4.藉由問題發想與討論，提升學生觀察外在事物的能力。
教學活動	1.介紹排灣婚禮相片與影片。 2.介紹排灣族的婚禮的流程。
分段能力指標	E-1-2-6-4 能從閱讀過程中，了解不同文化的特色。 E-1-2-2-2 能分辨基本的文體。 E-1-2-9-5 能提綱挈領，概略了解課文的內容與大意。 E-1-3-1-1 能培養閱讀的興趣，並培養良好的習慣和態度。

主題四：美麗的南仁湖	
文體	記敘文
設計理念	藉由南仁湖的介紹，讓學童更進一步認識本地的自然環境景觀，結合曾經到過南仁湖的經驗，表達出內心的感受。
教學目標	1.認識南仁湖的地理位置與特殊的人文、自然景觀。 2.感受特有的南仁湖風情。 3.培養保護環境，珍愛自然景觀的意識。 4.能掌握閱讀的基本技巧。 5.能寫出南仁湖旅遊的心得。
教學活動	1.介紹南仁湖景觀與圖片 2.看圖說話 3.支援前線讀短文 4.作文：旅遊心得
分段能力指標	F-1-3-4-2 能認識並練習寫作簡單的記敘文和說明文。 F-1-4-6-2 能寫出自己身邊或與鄉土有關的人、事、物。 F-1-6-3-1 能概略知道寫作的步驟。 F-1-7-1-1 能認識並練習使用標點符號。 F-1-8-2-1 能分辨並欣賞文章中的修辭技巧。

參、協同教學教師的意見訪談紀錄

　　為了讓課程設計趨於完善，進行協同合作協商討論的過程，對課程設計的決定而言，也是相當重要的一部分，因為協同教學中的對話，經常幫助研究者看清楚自己在專業上，和社會所賦予的角色下，所附屬研究者自身之外的外表。研究者在課程教學設計前後均與協同教學教師進行協商討論，以下紀錄協同教學教師的意見訪談。

一、課程教學活動設計前，協同教學教師的意見訪談

因為研究者在學校的職務是主任，不參與國語文領域的教學，一開始我懷疑研究者與實際教學教師能不能分割成兩個完全獨立的角色？設計何種語文領域課程才能符應實際教學教師的需求？為了解決這樣的矛盾、兩難的情境，我訪談三年級的導師——L 老師，聽聽他的意見，讓研究者與實際教學教師形成相互幫助、相互依賴的必要性。

L 老師是一位年輕但相當有教學熱誠的老師，他聽完我的研究構想後，非常贊同我的研究理念，他認為老師應該放下身段，與學生一起學習，並涉獵關於學生文化的一些認知；研究者與實際教學教師要中立傳達民族訊息，以文化相對論來認識文化無優劣之分。

他亦認為藉用學生族群背景輔助教學，教導學生怎麼去看待自己的文化，是很棒的構想，對國小三年級的學生而言，教他們情意成分，去引導他們，而不是認知上跟他們講很多知識。「在課程中融入文化體驗」林老師如此建議著。他認為培養多元文化素養就要多看、多接觸，對多元文化直接體驗，充實自身的文化知識。

L 老師雖然沒有給我明確的課程設計內容建議，但經由訪談後讓我更清楚知道教育現場的需求，課程教學設計的藍圖也更加清晰。

二、課程教學活動設計後，協同教學教師的意見訪談

當課程教學活動設計完成後，我把教學活動設計拿給 L 老師看過，想再次聽聽他的意見，他人很客氣，看完後只有讚美沒有批評，並說可以實際實施教學，這樣更能發現問題的癥結。我想是基於同

事，加上我又比他年長幾歲，他大概不好意思去批判我寫得教學活動設計吧！

但他有提到幾點身為實際教學教師可以配合的地方。第一：教室中的書面文字呈現方式，可藉由海報、標語、學生的作品的空間佈置；第二：班級中的書籍資料（如：繪本、小說、報章雜誌……），可以收集更多關於當地及排灣族的文化資料，方便學生閱讀；第三：在課堂環境的規劃上，將教室重新做分配，組織成幾個專屬於某向智慧的區域，建立起「智能友好」區域。如：為書籍專設的角落或圖書館區（舒適的座位）、寫作中心（紙張、筆）、視聽中心（錄音帶、CD、DVD）。

最後一點 L 老師提及身為實際教學教師，要留意課堂中師生間的口頭語言如何運作和互動，教師所使用的語言對學生的理解程度而言是過於複雜、簡單或是剛好合適？這也深深影響著教學成效。

雖然 L 老師沒對我寫得課程教學活動設計有所批判，但我深知我仍有許多成長的空間；此次經驗讓我心中有著無比的感動，因為這是我的研究，我好像沒什麼理由要求人家必須配合，但 L 老師還是竭盡所能的想出可以配合協同教學的方法，真是非常感謝他的幫忙。

肆、本校校長及專家教授的意見訪談紀錄

當課程教學活動設計完成後，我也把教學活動設計拿給本校劉校長及大學教授過目，想聽取他們寶貴的意見，以期許自己能透過不斷的省思、焠鍊、檢核與成長。劉校長及教授皆肯定我對融入、認識本地文化的用心，劉校長認為此課程教學活動設計能兼顧學校

本位課程規劃，但整體性的課程設計若能在各年段、各領域間能夠連繫搭配、左右串聯、上下連貫，這樣更能發揮教學效能；後續的課程推動宜善用地方專業人士之專長，並提供參與研討，讓學校與社區更緊密的結合。教授更建議未來我們學校可把地方文化資源加以分類、分段、分概念、分領域等方式，逐步融入既有課程中，以取代某些同性質、同概念、同能力指標等課程，進而彙成有特色、有目標的學校本位課程。聽完劉校長及教授的意見後，讓我更清楚未來自己該努力及改進的方向與目標。

第六章

結論、建議與反思

第一節　結論

　　本研究主要的目的在探討文化回應教學的讀寫課程設計，以作為九年一貫課程的學校本位課程發展之參考。本研究首先就文化回應教學理論、課程設計、語文領域讀寫課程與學校本位課程發展的相關文獻進行探討，以作為本研究的理論基礎。其次，就排灣族及屏東縣滿州鄉文化資源進行蒐集、整理、分析，瞭解文化中具有教育性的素材，以作為課程設計教材選用的參考資料。最後，研究者綜合理論探討、實際教材之分析與結合研究者的教學經驗，嘗試設計一套主題式、統整式、體驗式、遊戲化、生活化的文化回應教學課程，希望能提供目前國小九年一貫課程的學校本位課程發展之參考與使用。

　　回顧本研究問題有三，包括（1）探討應用文化回應教學，設計國小讀寫課程之可行途徑與素材。（2）探討應用文化回應教學，國小讀寫課程的課程設計方式。（3）探究教師在文化回應教學讀寫課程設計，運作過程中的成長與心得。本節將針對問題論答，並將本論文各章節的研究結果與發現，歸納為以下結論：

壹、在「設計讀寫課程之可行途徑與素材」方面

一、課程內容需增強學生對於生長環境的認識

　　教材內容生活化，都是以學生的生活區域範圍為起點，以學生熟悉與生長的地方為主要，建構「美麗的南仁湖」課程。就近而遠的概念逐漸推像其他地區，實踐課程社區化的在地營造，增進學生對於所生活的環境之認同感，也讓學生能將環境教育的概念落實於生活之中。

二、教材需融入於學生的生活之中，配合生活經驗

　　課程設計注重結合學生的生活經驗，建構「井裡的小青蛙」課程。原住民學童長期生活於部落，相當習慣部落的文化、語言與自然環境，唯有讓學生與學生的生活經驗結合，激發出與學習相關的經驗，聯結有關人、事、物先前知識的內容基模，教學才會引起共鳴，並且從多元面向讀寫教學中，讓學生認識不同性質、不同功能的讀寫課程，進而呈現出成效。

三、課程內容融入文化資源

　　本研究以屏東縣滿州鄉及排灣族的文化資源為發展的出發點，探討資料收集和整理分析以作為課程設計活動的內涵，文化資源範圍涵蓋包含地理位置、自然景觀、歷史背景、文化活動、經濟產物等。呈現三個內容架構：藝術產業——「孔雀王子」、文化活動——「排灣族婚禮」、地區景觀——「美麗的南仁湖」等這些文化資源均可作為文化回應課程設計的最佳題材。

貳、在「課程設計方式」方面

一、課程設計應以學生為主體

　　傅麗玉（1999）認為學生需要教師的引導，才能跨越學校課程與日常生活經驗之間的鴻溝，才能獲得有意義的學習。課程設計最主要的目的是要引起學生學習，要讓學生在學習的過程中，達到教學的目標。所以教師設計教學活動時，應先瞭解學生的先備知識，以學生為主體，融入當地的文化及自然資源，緊緊扣著人與土地間的情感，激發學生主動學習，教師以協助者角色出現，作為課程設計的準則依據。

二、學習目標以國語文學習領域的分段能力指標為參照

　　學習目標以國語文學習領域的分段能力指標為參照，分析出符合單元活動的能力指標，而文化回應課程將學生生活經驗與傳統文化融入於教學之中，透過討論與評論的過程，使學生學習更具廣度與深度。

三、注重課程的整體性

　　課程設計必須注重整體性，考慮學生特質、教學內容與教學目的，觀念性知識的延展必須由淺到深、由近而遠，教材的範圍應考慮學生的年段，運用教學資源、活用生活素材與當地文化結合，以突顯課程設計之中應善用學校資源與社區資源，或是其他可利用資校外資源，以增進教學成效、達成教學目標。

四、培植學生帶得走的能力

本研究所設計的課程，旨在引導學生察覺自身傳統文化的本質與特色，重新認識，自己生長的地方與文化，進而產生認同。因此課程內容並沒有太多知識的傳授與背誦，反而有許多學生親自參與的活動，讓學生將自己在課程中所學所思做一個歸納整理，教師只是擔任從旁指導的角色，視學生的個別差異來引導學生學習，培養學生的能力，唯有特過這樣的學習過程，方能從知識學習到認知、情意和技能的養成。

五、族群文化藉文化回應教學課程實踐傳承

文化回應課程讓學生重新建構族群歷史與情感，思考排灣族文化的核心價值，進而認同與欣賞自身的文化，並能以正向積極的角度看待族群文化的獨特性，與文化傳承的使命感。

參、在「教師成長與心得」方面

一、提昇教師的專業成長

文化回應教學課程設計可以幫助教師的專業成長，包括運用當地資源融入課程設計、更強的課程規劃技巧、教師的領導與有效的運用服務學習於課程裡。經過此研究歷程，研究者本身在教學策略、溝通技巧等教學方面有了進一步的磨鍊；對滿洲鄉及排灣族文化也有更深一層的認識，提升研究者運用當地文化素材融入常規課

程設計的能力，經過此次一連串探究，研究者在研究的專業知識上亦有長足的成長。

二、增進教師的多元文化素養

Arbor（1994）認為成為有文化識讀力是文化回應教師的條件之一。教師的文化識能是促進學習的關鍵之一。文化回應課程設計教師被積極鼓勵開放視野、培養專業能力，一方面既要深入了解社區；另一方面又必須廣泛且深入的閱讀族群史料與文獻，在這過程中研究者的多元文化知能逐漸充實。

在課程建構的歷程中，我不斷的檢視自我的課程設計是否能適切的表達多元文化意涵，試著以公正、客觀的原則，來呈現多元的文化知識，我期許自己在課程設計中以真實情境來組織課程，將學生的先前經驗與文化產生相聯結，讓多元文化知識與國語文能力能同時提升。如此才能使學習變得更有意義，進而使學生有能力進行文化的批判與轉換。

第二節　建議

在研究過程中，研究者認為此套課程設計與發展並非盡善盡美，還有待改善的空間，最後根據研究所得與結論，提出以下建議，以供相關人員參考。

壹、對學校的建議

一、鼓勵教師進修：鼓勵教師參與語文教學之相關研習與進修，以提昇教師專業知能。

二、結合社區資源，規劃親職教育建立家庭、學校、社區三者協同的伙伴關係：許多原住民家長在處理子女學業問題時會有無力感，形成學校和家庭脫節的窘境。若能有效運用社區資源，適時的讓家長介入學校教育，善用社區、家長豐富的文化資產，與學校專業的團隊結合，強化親子、社區、學校三者之合作的伙伴關係，學生在學校適應、族群認同等種種困境便可得到支持與協助，社區也能因為學校的參與關懷而活絡起來。

三、組成常設性質的課程發展小組：唯有常設性質的課程發展小組，方能系統性地依各學年規劃文化回應課程，並將實施的成果紀錄，藉由經驗傳承，去蕪存菁實踐歷程，發展出一套最適合在地學生、在地族群的教學活動。

四、建立健全的課程評鑑機制：擬訂完善的評鑑計畫，包括內、外在評鑑，且確實的實行，學校亦能成立教科書評鑑小組，以落實學校本位的課程評鑑制度。

貳、對國小老師的建議

一、教師多元文化素養培養：多元文化教育主張不同族群的文化均有其價值，皆應受到尊重與重視，教師的文化識能是促進學習的成功關鍵。教師如何培養多元文化素養？除了多多閱讀文獻集相關書籍外，亦可請教具有相關知識的專家或學者，當教師

擁有正確的多元文化知能，如此方能從一個知識的傳遞者變為一個知識的引導者。

二、培養統整課程設計的能力：目前國小教師對課程設計的能力十分缺乏，教師必須體認到統編教材是無法一體適用的，因此學校應鼓勵教師多親自參與教材的編輯工作，設計深出淺入、豐富多元的教學活動課程，使自己成為教材的創造者。

三、培養教師成為課程的評鑑者：若教師無法自編教材，也必須要具備教材評鑑的能力，利用內容分析法，分析教科書中顯著內容與潛在內容的優缺點，才能保證教學的品質。

參、在學校課程發展上的建議

一、落實本位課程發展的模式：依據九年一貫課程，學校本位課程發展將成為未來重要課程發展模式，也是教育改革成敗的關鍵。但學校本位課程發展的落實，並非是單方面的將所有權責全部下放給學校，必須重新思考學校的角色及功能，及各種課程決定系統如何配合，教師行動研究也成為促進學校本位課程發展的動力。中央教育部的政策制定，亦直接影響學校本位課程發展的推動，所以教育政策制定單位若能擬更明確的策略方針，發揮引導的作用；學術團體能實地了解學校運作上的困難，發揮啟發的功能並作為有力的支持機構，如此方能真正有效落實本位課程發展。

二、不同專長教師組成協同教學團隊：語文課程的規劃與設計，必須仰賴不同專長教師組成協同教學團隊，貢獻專業智能、整合設計理念，共同激發腦力思考，跳脫個人本位迷思，始能豐富

教學內涵，彌補專業不足，研究創新富有教育意義的課程，並增進教師間經驗交流，提供相互學習機會，迎向教育新紀元。

三、以國語文學習領域為本，地方自然、文化資源為用，加強情意學習：在課程設計建議以國語文學習領域為核心，融合當地自然、文化資源為基礎的相關課程設計，讓學習更貼近生活，讓學生自己的土地及文化有更深一層的了解，學生將學得用心，進而提升學習興趣與成效。

四、注意學童的發展階段與能力：參考各年段教學目標與能力指標，針對該階段學童的能力，研發合適的課程設計，並落實至實際教學中。

肆、對未來研究或教學的建議

一、在研究對象上，可向上延伸至國中學生，向下深入至幼稚園及國小低年級：由於本研究僅以國小三年級為實施對象，因此未來可以將研究對象向上延伸至國中學生，向下深入至幼稚園及國小低年級，以了解更多不同階段性所適合的課程設計，以達到整體的連貫。

二、本研究限於時間與人力的因素，僅從理論的論述及分析相關文獻收集整理後，設計一套課程設計內容，無法實際去做教學實驗。未來的研究可加入行動研究，更能深入了解相關理論與教育實務的結合。

三、發展及建立檢測讀寫能力評量的機制：我國尚未發展及建立檢測讀寫能力評量的機制，未來的研究可嘗試建立一套標準化的

讀寫能力，提供教師教學及補強措施，用以評估學生教學後，讀寫能力的表現及改進的狀況。

第三節　研究歷程反思

回顧自己論文寫作的歷程，看見自己的迷惘、脆弱與成長，重新檢視過往的經驗，雖然曾經懷疑自己，但也定位了自己，這個過程我學習得來更多的知識與自信，彷彿又聚集了更多的能量，讓我更有自信地將族群的文化與精神融入課程中。

壹、柳暗花明又一村

一、書名舉棋不定

在我未進入這個論文題目之前，我曾經換過幾次書名，因過去對於所處的學術高塔毫無知覺，要取什麼書名根本沒有頭緒，不知該以「校本課程」、「九年一貫」或「社區有教室」為研究的重點，直到教授建議我可以注意教育現場文化差異的處境，以文化回應教學的理念，設計一套適合長樂國小的讀寫課程，才逐漸聚焦了研究的重點，進而確定書名。

二、女性教師的多重角色壓力

許多研究指出女性角色刻板化印象是阻礙女性生涯發展的因素，更是女性主管工作的來源（劉麗雯，1989、林德明，1995、林

逸青，1997、莊惠美，1998）。而且當婦女面對工作與家庭時，常容易引發角色衝突，社會化過程使得女性普遍具有家庭、事業衝突感，即使是現代，仍無法擺脫外在的社會限制。這說明了女性在追求自己的理想時，往往會受到比男性更大的阻力與壓力。

　　忙碌的研究、教學與學校行政工作，常常讓我超時工作，導致時間、精力和體力負荷過重，一度想放棄研究，所幸同事們的關懷與支持，讓我熬過這段艱辛的時光。這也讓我深深覺得女性教師除了瞭解自己、掌握自我需求、做好生涯規劃外，學校可營造性別平等的學習空間，突破「性別角色」壓力。並培養師生們「關懷、包容」的胸襟，因為唯有以尊重及體諒的態度面對與自己不同族群與性別的人，方可將差異及壓力降到最低，同時也是落實性別平權教育的一個思考方向。

三、教授的指導與文獻的閱讀

　　當本書的方向決定關注於文化回應教學議題後，才讓我開始認真思考本校學生的文化環境，以及文化差異的問題，並且省思自己習以為常的文化模式或思考方法。Arbor（1994）建議文化回應教師應為一個文化識讀者，也就是要深入瞭解學生的語言、學習風格、及文化背景，這有助於文化回應教學的成功及提升少數族群的學習。所以透過文獻閱讀，我不斷地檢視自己受主流文化影響，在教學中的確存有刻板印象或解讀錯誤的情形，覺察我應該擁有一個能夠接納多元文化，以及對抗偏見和控制的思維，才能貼近學生的想法，幫助學生的學習成就；加上有了指導教授的指點，讓我更加明確自己的研究方向及方法。

貳、課程設計的困境與成長

一、資料難取捨與分析

　　排灣族文化及本校學區內有豐富的文化素材，但基於紀存資料的需要，很想把資料全部放入論文中，但又考慮論文架構的完整性與閱讀者的流暢性，有些資料不得不忍痛捨去，在研究的過程中資料的取捨，有時真難以抉擇，但基於主題敘述的完整，與索引方便的考量，寧可重複也不要短缺。

二、漢人教師文化識能不足與成長

　　何縕琪（2002）在《族群、文化與學習》提到教師缺乏文化識能，很容易誤解或低估學生的行為表現與學習能力，故教師應檢討設計課程，以提昇原住民學生的自我觀念、族群關係與批判思考能力。身為一位漢人教師，對於文化識能有其不足之處，但是對於多元文化的興趣，促使我重新思考，嘗試著以學生的文化脈絡中，理解他們的學習行為，設計適合的教材，希望學生熱愛學習，並體會認同自身文化的價值。在研究歷程中，我不斷廣泛且深入的蒐集與閱讀相關文化資料，並向地方耆老們請益，期望能不斷的擴充我的文化視野、充實文化知識。

　　身為一個多元族群教師，我希望不同族群的學生都能在學校獲得成功的經驗，這次特殊的經驗讓我重新檢視自己的族群態度，理解學生的需求，讓我未來更有自信地將族群的精神融入課程中。

參考書目

中文部份

王文科（1999）。課程與教學論。台北：五南。

王天佑（1999）。家庭背景與台灣原住民教育之取得。載於洪泉湖、吳學燕（主編），台灣原住民教育，頁 31-52。台北：師大師苑。

王英君（2000）。國小閱讀障礙學生閱讀理解策略之研究。國立彰化師範大學特殊教育研究所論文，未出版，彰化市。

王雅菁（2006）。國民小學教師文化回應教學信念與行為之研究。國立台南大學教育學系與課程教學碩士班論文，未出版，台南市。

王凱符、吳繼路（1986）。寫作。北京：北京大學。

瓦歷斯‧尤幹（1994）。體驗台灣「山胞教育」：台灣原住民教育體制的一些觀念問題。載於行政院文建會編「原住民文化會議論文集」。台北市：行政院文化建設委員會。

田仲閔（2005）。國小閱讀理解困難兒童在不同體裁文章的閱讀理解學習成效之探討——文章結構分析策略之應用。國立新竹教育大學特殊教育學系碩士班論文，未出版，新竹市。

任秀媚（1986）山地單語及雙語兒童語文能力與智力之比較研究。新竹師專學報，13，193-208。

江瑞珍（2006）。原住民文學附加課程對族群認同與國語文成就之行動研究：以國中三年級國文科為例。慈濟大學教育研究所碩士班論文，未出版，花蓮縣。

朱劍中（2004）。澎湖縣石泉國小五年級陶藝鑑賞課程設計與實施成效之研究。國立台南大學教育經營與管理研究所，未出版，台南市。

牟中原（1996）。原住民教育改革報告書。行政院教育改革審議委員會。

余安邦、鄭淑慧（2008）。社區有教室的在地轉化：打造有文化品味的課程與教學。台北：五南。

何蘊琪（2004）。蒲公英的春天：因應台灣人口變遷的多元文化課程意識與教學實踐。發表於「人口結構變化對教育發展之影響」研討會，國立花蓮師範學院初等教育系主辦，花蓮縣。

李亦園（1982）。台灣土著民族的社會與文化。台北：聯經書局。

李苹綺（譯）（1998）。多元文化教育概述。台北：心理。（James A. Banks 著）。

李奇憲（2004）。提昇國小原住民學生語文科學業成就之行動研究。花蓮師範大學多元教育研究所碩士論文。未出版，花蓮縣。

李建興、簡茂發（1992）。縮短原住民與平地學校教學效果差距之改進方案研究。台北：教育部教育研究委員會。

李連珠（1992）。早期閱讀發展之一：兼談家庭閱讀活動。幼兒教育年刊，5，109-126。

吳清山、林天佑（2001）。教育名詞。教育資料與研究，39，88。

吳天泰（1993）。小學的多元文化教育。中國教育學會主編。

谷瑞勉（譯）（2001）。教室中的維高斯基。台北：心理。

谷瑞勉（譯）（1999）。鷹架兒童的學習（Scaffolding children's learning: Vygotsky and early childhood education）。台北：心理（L.B.Berk ＆ A.Winsler 著）。

沈惠芳（2005）。我就是這樣教作文。台北：天衛。

林金泡（1997）。走出邊陲，迎向曙光──「新原住民教育」探討。教育部教育研究委員會主辦，新竹師院承辦，「八十五學年度原住民教育學術論文研討會」宣讀論文。

林秀貞（1997）。國小六年級學童社會科閱讀理解研究。國立高雄師範大學教育學系碩士論文，高雄市。

林宜真（1998）。閱讀障礙學生與普通學生閱讀理解方式之比較研究。國立彰化師範大學特殊教育研究所論文，未出版，彰化市。

林美慧（2003）。文化回應教學模式之行動研究──以一個泰雅族小學五年級社會科教室為例。國立花蓮師範學院多元文化教育研究所碩士論文，未出版，花蓮縣。

林慧貞（2003）。美國社區學院課程設計模式之研究。臺北：臺灣師範大學社會教育研究所博士論文，未出版，台北市。

林慧萍（2004）。教室中的體驗與回應——原住民兒童讀寫發展歷程探究。
國立台東大學兒童教育研究所碩士論文，未出版，台東縣。

林喜慈（2005）。文化回應統整教學—個多族群班級之行動研究。慈濟大
學教育研究所碩士論文，未出版，花蓮市。

林慈馨（2002）。台灣排灣族拉瓦爾（Raval）亞族傳統與現代琉璃珠之
社會文化研究。國立台南師範學院鄉土文化研究所碩士論文，未出
版，台南市。

林德明（1995）。女性主管心理調適歷程探討。輔仁大學應用心理研究所
碩士論文，未出版，台北市。

林逸青（1997）。女性主管生涯發展障礙及學習需求之研究。高雄師範大
學成人教育研究所碩士論文，未出版，高雄市。

林瓊瑤（2002）。墾丁國家公園及鄰近地區歷史古蹟現況調查。內政部營
建署墾丁國家公園管理處。

林憲治（2004）。國小學童的家庭環境與閱讀態度對於寫作表現之相關研
究。國立嘉義大學研究所碩士論文，未出版，嘉義縣。

邱上真、洪碧霞（1997）。國語文低成就學生閱讀表現之追蹤研究（II）：
國民小學國語文低成就學童篩選工具系列發展之研究（II），國科會
專題研究計畫成果報告 NSC 86-2413-H-017-002-F5。

邱馨慧（2001）。家、物與階序——以一個排灣社會為例。國立台灣大學
人類學研究所碩士論文，未出版，台北市。

柯華葳、游雅婷（2001）。踏出閱讀的第一步。台北：信誼。

柯華葳（1999）。閱讀理解困難篩選測驗——國民小學四、五、六年級。
臺北：行政院國家科學委員會特殊教育工作小組印行。

洪月女譯（1998）。談閱讀。Goodman, K. S.原著。台北：心理出版社。

許學仁（2000a）。本國語文綱要說明與教師因應之道。2003 年 11 月 22
日。取自 http://www.lib.nhltc.edu.tw/9years/9years.htm。

許學仁（2000b）。生活處處皆語文。取自 http://www.lib.nhltc.edu.tw/9years/
9years.htm。

許木柱（1989）。台灣原住民的族群認同運動：心理文化研究途徑的初步
探討。徐正光、宋文里合編，台灣新興社會運動。台北：巨流出版社。

許學仁（2001）。（語文學習的希望工程）。花蓮縣八十九學年度本國語
文學習領域種子教師研習資料。

高新建（2000）。邁向成功的學校本位課程發展。國立編譯館館刊，29
　　（2），293-317。屏東縣政府文化處（2008）。恆春生活圈綠色生活
　　地圖。

孫大川（2000）。序言：走出元住民成人教育的新風格。載於第一期原住民
　　成人教育工作者培訓成果報告。台灣師範大學成人教育研究中心出版。

教育部（1998）。國民教育階段九年一貫課程總綱綱要。台北：教育部。

教育部（2000）。學校本位課程發展手冊。台北：教育部。

教育部（2003）。國民中小學九年一貫課程綱要。台北：教育部。

傅君（1998）。臺灣東部排灣族的山田農業：一個文化生態學的探討。

童春發（2001）。台灣原住民史排灣族史篇，台灣省文獻委員會編印。

莊淑媛（2004）。說唱的嘉年華會-說唱表演融入低年級語文領域之行動
　　研究。國立中山大學，未出版，高雄市。

莊慧美（1998）。國小女性教師在工作、家庭、進修角色之衝突及適應歷
　　程分析之研究。屏東師範學院國民教育研究所碩士論文，未出版，屏
　　東市。

賀宜慶（2008）。國文科文化回應教學之行動研究：以東部一個太魯閣族
　　國中班級為例。慈濟大學教育研究所。未出版，花蓮縣。

閔美珍（2006）。公民行動取向品格教育之課程實施成效研究──以國小
　　四年級「彬彬有禮」課程為例。台北市立教育大學課程與教學研究所，
　　未出版，台北市。

曾慧芬（2006）。公民行動取向全球觀課程實施成效之研究以「前進斯里
　　蘭卡」為例。台北市立教育大學課程與教學研究所，未出版，台北市。

張春興、林清山（1983）。教育心理學。台北：東華。

張尤雅（1998）。佛教成人教育課程規劃之研究。國立中正大學成人與繼
　　續教育研究所碩士論文。未出版。

張新仁（1992）。《寫作教學研究：過程導向寫作教學的理論及應用：認
　　知心理學取向》。高雄市：復文圖書出版社。

張嘉育（1998）。認識學校本位課程發展。輯於中華民國課程與教學學會
　　主編，學校本位課程與教學創新，23-47頁。台北：揚智。

黃光雄、蔡清田（1991）。課程設計──理論與實際。台北：五南。

黃光雄（1996）。課程與教學。台北市：師大書苑。

黃光雄、蔡清田（2002）。課程設計：理論與實際。台北市：五南圖書公司。

黃政傑（1993）。多元文化教育的課程設計途徑。多元文化教育。台北：中國教育學會。

黃政傑（1993）。課程設計。台北：東華書局。

黃政傑（1999）。課程改革（三版）。台北：漢文。

黃政傑（1991）。課程設計。台北：東華。

黃慧如（1999）。珍惜多元文化。教育資料與研究，30，45-47。台北：國立教育資料館。

黃文華（2008）。滿州鄉羅峰寺五朝齋醮及八保祭典紀實。高雄：瀚文。

陳枝烈（1997）。台灣原住民教育。台北：師大書苑。

陳枝烈（2001）。屏東縣原住民部落大學計劃書。委託單位：屏東縣政府。執行單位：國立屏東師範學院。

陳枝烈（2002）。文化差異在教室中師生互動的意義。載於屏東師範學院原住民教育研究中心主辦之「九十一年度原住民教育」學術研討會論文集，121-138，屏東市。

陳麗珠（1994）。高雄區訪視報告概要。載於國立花蓮師院山胞教育研究中心主編。82學年度山地國民中小學訪視工作報告，頁69-72。花蓮：國立花蓮師院。

陳鳳如（1997）。改進寫作教學之探討。載於林清山（主編），有效學習的方法（頁109-124）。台北：教育部。

臺灣總督府蕃族調查會（1920）：83-84。

臺灣總督府警務局理蕃課，理蕃之友第2年11月號。

歐用生（1991）。課程發展的基本原理。高雄：復文。

歐嬌慧（2005）。文化回應教學在國小英語課程的實踐之研究。國立高雄師範大學教育學系碩士論文。未出版，高雄市。

廖凰伶（2000）。直接教學與全語教學對國中低閱讀能力學生閱讀理解表現之研究。國立彰化師範大學特殊教育研究所碩士論文，未出版，彰化市。

鄭同僚（審訂）（2004）。教育研究的批判民俗誌－理論與實務指南。台北：高等教育。（Carspecken, P. F.著）。

鄭毓霖（2003）。國小高年級學童閱讀理解能力與批判思考表現之關係。國立嘉義大學國民教育研究所，未出版，嘉義。

鄭慧華（2007）。眷村文化融入國小社會領域課程實施之研究。國立台東大學教育研究所，未出版，台東市

劉美慧（2000）。建構文化回應教學模式：一個多族群班級的教學實驗。載於國立花蓮師範學院多元文化教育研究所主辦之多元文化教育理論與實際學術研討會論文集，137-165，花蓮縣。

劉美慧（2002）。多元文化課程轉化──三個不同文化脈絡之個案研究。載於屏東師範學院原住民教育研究中心主辦之九十一年度原住民教育學術研討會論文集，99-120，屏東市。

劉美慧（2003，4月）。文化回應教學：理論、研究與實踐。2004年9月2日，取自 http://earc.ndhu.edu./wwwierac/information/exper/newmain.htm。

劉麗雯（1989）。台灣省政府女性主管事業生涯發展之研究。東吳大學公共行政研究所碩士論文，未出版，台北市。

譚光鼎、劉美慧、游美慧（2001）。多元文化教育。蘆洲市：國立空中大學。

賴淑媛（2003）。維高斯基符號中介與心智社會建構理論之研究。南華大學教育社會學研究所碩士論文，未出版，嘉義縣。

蔡慧琦（2004）。國小三年級人權教育課程設計之行動研究。國立中正大學教育研究所，未出版，高雄市。

藍慧君（1991）。學習障礙兒童與普通兒童閱讀不同結構文章之閱讀理解與理解策略的比較研究。國立台灣師範大學特殊教育研究所論文，未出版，台北市。

臧鐵軍（1998）。小學生閱讀能力診斷性測評研究（上）。學科教育，第五期，46-48。

英文部分

Arbor, A. (1994). 7 ways to a culturally responsive pedagogy. The Education Digest, 59(6), 46-49.

Bender,E. (1995).Learning disabilities: characteristics, identification and teaching strategies. Boston: Allyn and Bacon.

Bishop, R. & Berryman, M. (2002).Te Toi Huarewa ：Effective teaching and learning in total immersion Maori Language educational settings. Canadian Journal of Native Education.26(1),44-61.

Bobbitt, F.(1918). The curriculum., Boston: Houghton Mifflin Company.

Flanders, N, A.(1976).Interaction analysis: A technique forquantifying teacher influence. In H. F. Clarizio, et al. (Eds), Contemporary issues in educational psychology (2nd). Boston: Allyn & Bacon.

Flower, L. & Hayes, J.(1980). The dynamics of composing：making plans and juggling constraints. In L. Gregg & E. Steinberg（Eds.）, Cognitive Processes in Writing（pp. 31-50）. Hillsdale NJ：Erlbaum & Associates.

Gay, G. (2000).Culturally responsive teaching: theory, research, and practice. New York : Teachers College Press.

Goodman, K. S.(1967).Preading：A psycholingustic guess game. Journal of the Reading Specialist, 6, pp.126-135.

Griswold, W. (1994). Cultures and societies in a changing world. Thousand Oaks, CA: Pine Forge.

Kletzien, S. B.（1991）.Strategy use by good and poor comprehenders reading expository text of differing levels. Reading Research Quarterly, 26(1), pp.67-86.

Langer, J. A.（1989. The process of understanding literature. Report series 2. Center for the Learning and Teaching of Literature, Albany,NY.（ERIC Document Reproduction Services No. ED 315 755）.

Lawton, D. (1983). Curriculum studies and education planning. London: Edward Arnold.

OECD (1979). School-based curriculum development. Paris: OECD.

Olshavsky, J. E.（1976）.Reading as problem solving: an investigation of strategies. Reading Reasearch Quarterly,12(4),654-674.

Palinscar, A. S. & Brown, A. L. (1984). Reciprocal teaching of comprehension-fostering and comprehension-monitoring activities. Cognition and Instruction,1(2),117-175.

Portes, P. R. (1996). Ethnicity and culture in educational psychology. In D.V.Berliner & R.C.Calfee (Eds.), Handbook of educational responsive pedagogy (pp.331-357) .New York：Macmillan.

Reutzel, D. R. & Cooter, R. B. (1996). Teaching children to read : From basals to books. New Jersey: Englewood Cliffs.

Richard, H.,Brown, A. F. & Forde, T. B.（2007）. Addressing diversity in school: Culturally responsive pedagogy. Teaching Exceptional Children, 39（3）, 64-68.

Robertson, P., Wohlstetter, P. & Monhrman, S. (1995). Generating curriculum and instructional innovations through school–based management. Educational Administration Quarterly, 31(3), 375-404.

Rumelhart, D. E. (1977). Toward an interactive model of reading. In H. Singer & R. B Ruddell（Eds.）. Theoretical model and of processes Reading.（3rrd ed pp. 722-750）. New York, Delaware： International Reading Association.

Scardamalia, M., & Bereiter, C. (1986). Research on written composition. In M. C. Wittrock (Ed.), Handbook of research on teaching (pp.778-803). NY.: Macmillan Publishing Company.

Smith, F.(1982). Understanding reading：A psycholinguistic analysis of reading and learning to read.NY：Holt,Rinehart & Winston.

Wlodknowski, R. J. & Ginsberg, M. B. (1995). Diversity of motivation: Culturally responsive teaching. San Francisco：Jossey-Bass.

附錄

一、國民中小學九年一貫課程綱要之閱讀能力分段能力指標

第一階段：

E-1-1　能熟習常用生字語詞的形音義。

E-1-2　能讀懂課文內容，了解文章的大意。

E-1-3　能培養良好的閱讀興趣、態度和習慣。

E-1-4　能喜愛閱讀課外讀物，主動擴展閱讀視野。

E-1-5　能了解並使用圖書室（館）的設施和圖書，激發閱讀興趣。

E-1-6　認識並學會使用字典、百科全書等工具書，以輔助閱讀。

E-1-7　能掌握閱讀的基本技巧。

第二階段：

E-2-1　能掌握文章要點，並熟習字詞句型。

E-2-2　能調整讀書方法，提昇閱讀的速度和效能。

E-2-3　能認識基本文體的特色及寫作方式。

E-2-4　能掌握不同文體閱讀的方法，擴充閱讀範圍。

E-2-5　能利用不同的閱讀策略，增進閱讀的能力。

E-2-6　能熟練利用工具書，養成自我解決問題的能力。

E-2-7　能配合語言情境閱讀，了解不同語言情境中字詞的正確使用。

E-2-8　能共同討論閱讀的內容，並分享心得。

E-2-9　能結合電腦科技，提高語文與資訊互動學習和應用能力。

E-2-10　能思考並體會文章中解決問題的過程。

第三階段：

E-3-1　能熟習並靈活應用語體文及文言文作品中詞語的意義。

E-3-2　能靈活應用不同的閱讀理解策略，發展自己的讀書方法。

E-3-3　能欣賞作品的寫作風格、特色及修辭技巧。

E-3-4　能廣泛的閱讀各類讀物，並養成比較閱讀的能力。

E-3-5　能主動閱讀古今中外及鄉土文學的名著，擴充閱讀視野。

E-3-6　能靈活應用各類工具書及電腦網路，蒐集資訊、組織材料，
　　　　廣泛閱讀。

E-3-7　能主動思考與探索，統整閱讀的內容，並轉化為日常生活
　　　　解決問題的能力。

E-3-8　能配合語言情境，理解字詞和文意間的轉化。

二、國民中小學九年一貫課程綱要之寫作能力分段能力指標

第一階段：

F-1-1　能經由觀摩、分享與欣賞，培養良好的寫作態度與興趣。

F-1-2　能擴充詞彙，正確的遣辭造句，並練習常用的基本句型。

F-1-3　能認識各種文體的寫作要點，並練習寫作。

F-1-4　能練習運用各種表達方式習寫作文。

F-1-5　能概略分辨出作品中文句的錯誤。

F-1-6　能概略知道寫作的步驟（從收集材料到審題、立意、選材
　　　　及安排段落、組織成篇），逐步豐富作品的內容。

F-1-7　能認識並練習使用標點符號。

F-1-8　能分辨並欣賞作品中的修辭技巧。

第二階段：

F-2-1　能培養觀察與思考的寫作習慣。

F-2-2　能正確流暢的遣辭造句、安排段落、組織成篇。

F-2-3　能認識各種文體，並練習不同類型的寫作。

F-2-4　能應用各種表達方式練習寫作。

F-2-5　能具備自己修改作文的能力，並主動和他人交換寫作心得。

F-2-6　能依收集材料到審題、立意、選材、安排段落、組織成篇
　　　的寫作步驟進行寫作。

F-2-7　能了解標點符號的功能，並在寫作時恰當的使用。

F-2-8　能把握修辭的特性，並加以練習及運用。

F-2-9　能練習使用電腦編輯作品，分享寫作經驗和樂趣。

F-2-10　能發揮想像力，嘗試創作，並欣賞自己的作品。

第三階段：

F-3-1　能應用觀察的方法，並精確表達自己的見聞。

F-3-2　能精確的遣辭用字，並靈活運用各種句型寫作。

F-3-3　能理解各種文體的特質，並練習寫作不同類型的作品。

F-3-4　練習應用各種表達方式寫作。

F-3-5　掌握寫作步驟，充實作品的內容，精確的表達自己的思想。

F-3-6　了解標點符號的功能，並適當使用。

F-3-7　能靈活應用修辭技巧，讓作品更加精緻感人。

F-3-8　能練習使用電腦編輯作品，分享寫作的樂趣，討論寫作的經驗。

F-3-9　發揮思考及創造的能力，使作品具有獨特的風格。

三、南一版三年級下學期課程一覽表

南一版三年級下學期文化回應相應單元與課程		
課本單元主題	教學內容與教學目標	文化回應的教學概念
單元一： 【鄉土情懷】	第一課、擔仔麵：了解擔仔麵的由來及意義及欣賞先民在困境中解決生活問題的智慧和毅力進而培養喜愛自己家鄉小吃的情感。 第二課、天燈飛起來了：了解優良傳統文化的特色，培養體會民俗活動帶給人們的樂趣。 第三課、風獅爺：了解金門地區的風土民情，欣賞先民與風沙搏鬥的堅毅精神，培養欣賞各種神態風獅爺的藝術情懷。	孔雀王子：藉由排灣族的神話讓學童更進一步瞭解自身的傳統文物－琉璃珠，進而培養喜愛自身傳統文物的情感。
單元二： 【不一樣的體驗】	第四課、第一次搭飛機：描述第一次搭飛機的心情感受，並知道搭飛機時的相關注意事項，培養旅遊的興趣及熱愛鄉土的情懷。 第五課、土窯樂：了解到田野鄉間親近大自然的種類及內容，體會堆土窯、烤蕃薯的樂趣，感受親近田野的趣味。 第六課、在黑暗中行走：知道視障者的生活情形，感受身體健全是一件多麼幸福的事，用同理心去關懷周遭的人、事、物。 第七課、小鳥穿彩衣：了解劇本的結構形式及寫作技巧，培養從不同角度體驗事物的情懷，養成廢物利用的創意生活態度。	井裡的小青蛙：藉由學童自身的生活經驗，讓學童更進一步認識本地的自然生態景觀，感受親近田野的趣味，培養熱愛鄉土的情懷。

單元三： 【真摯的情意】	第八課、人人都需要朋友：知道朋友之間應該相互關懷，了解喜悅、恭喜、讚美、支持、安慰、舒暢的意義及用法，培養朋友之間彼此信任和接納的態度。 第九課、快樂的送書人：了解書本的功能以及對人的幫助，能學會將自身的經驗用說故事的方式表達出來，對於懂得知恩圖報的人，起仿效之心。 第十課、請你原諒我：學會用記敘文倒敘和順敘的方法來描述事情發生的經過，能以實際行動來表達自己的感受，養成誠實負責的生活態度。	排灣族婚禮：藉由排灣族婚禮的介紹讓學童更進一步瞭解自身的傳統禮儀，培養對傳統文化的注意與關懷。
單元四： 【美麗的大地】	第十一課、菊島之旅：認識澎湖的地理位置與特殊的人文、自然景觀，感受課文中特有的澎湖風情，培養保護環境，珍愛自然景觀的意識。 第十二課、最美麗的火山：體會大地造物之美並了解世界景物之不同，培養欣賞大自然，和大自然心神交融的高尚情操，親近自然、愛護自然的生活態度。 第十三課、人間仙境|九寨溝：了解九寨溝的地理位置及「海子」的意義，養成欣賞美景的態度，培養珍惜自然萬物的情懷。 第十四課、地球之歌：知道地球各種高低起伏地形的名稱，對大自然的美具有欣賞與想像的能力，培養探索大自然、關懷生命的精神	美麗的南仁湖：藉由南仁湖的介紹，讓學童更進一步認識本地的自然環境景觀，培養保護環境，培養珍惜自然的情懷。

四、教學活動設計與學習單

【單元一:孔雀王子】

(一)教學活動設計

學習領域	語文領域	課程設計	黃靜惠
單元名稱	單元一【鄉土情懷】	授課時數	120 分鐘
教學單元	孔雀王子	學習對象	三年級
教材來源	琉璃珠傳說、影片:排灣族的珍寶-琉璃珠		
教學方法	講述教學法、問答法、合作學習、影片欣賞		
教學評量	小組發表、學習單、口頭問答		
能力指標	B-1-2-4-3 能聽出別人所表達的意思,達成溝通的目的。 B-1-2-7-4 能有條理的掌握聆聽到的內容。 C-1-1-2-5 能用完整的語句回答問題。 C-1-1-3-8 能清楚說出自己的意思。 C-1-4-9-3 能依主題表達意見。 A-1-4-3-1 能利用注音符號輔助認識文字。 E-1-2-1-1 能讀懂課文內容,了解文章的大意。 E-1-2-6-4 能從閱讀過程中,了解不同文化的特色。 E-1-2-9-5 能提綱挈領,概略了解課文的內容與大意。 F-1-4-6-2 能寫出自己身邊或與鄉土有關的人、事、物。		

教學活動設計

教學評量	教學活動		時間	教學資源	學習效果評量
	教師活動	學生活動			
	【第一節開始】			琉璃珠傳說影片：排灣族的珍寶－琉璃珠 電腦 投影機 相關網站	
	壹、準備活動				
	一、教師蒐集資料並製作教具				
	1. 蒐集琉璃珠相關資料				
	2. 投影片製作				
	3. 製作學習單				
	二、預習指導				
	1. 學生以異質性分組的方式分組。				
	貳、發展活動				
B-1-2-4-3	一、引起動機				
	1. 教師請學生發表對排灣族的既有瞭解。	學生發表	8		參與討論
	2. 認識排灣族：由教師介紹排灣族之風俗民情、排灣三寶……。		5		
	二、主要活動				
E-1-2-1-1	1. 欣賞影片：排灣族的珍寶——琉璃珠	學生欣賞影片	10		
B-1-2-7-4	2. 教師講述兩則琉璃珠的傳說：		10		
	(1)太陽之珠。				
E-1-2-9-5	(2)勇士之珠。				
	參、綜合活動				
C-1-1-2-5	1. 排灣三寶有哪三寶？	學生回答	7		口頭問答
C-1-1-3-8	2. 拿出太陽之珠、勇士之珠，請學生觀察每一顆琉璃珠的圖紋、顏色，並發	學生發表			

	表 所 觀 察 到 的 相 同、相異處。 【第一節結束】 【第二節開始】				
B-1-2-7-4	壹、準備活動 1. 拿出其他琉璃珠， 介紹琉璃珠名稱。 2. 每組分配一個琉璃 珠名稱。		5		
A-1-4-3-1	貳、發展活動				
E-1-2-6-4	1. 上網看其他琉璃珠 的傳說	學生分組 蒐集資料	20		
F-1-4-6-2	2. 紀錄在學習單上。				學習單
C-1-4-9-3	參、綜合活動 各組進行報告 【第二節結束】 【第三節開始】	小組依序 上台發表	15		小組成果
B-1-2-4-3	壹、準備活動 教師以琉璃珠圖卡， 請學生辨識並以族語 說出名稱，以加強學 生印象。	學生發表	10		口頭問答
B-1-2-7-4	貳、發展活動				
E-1-2-6-4	1. 影片介紹琉璃珠的 製作過程。	影片欣賞	5		
	2. 介紹傳統琉璃珠的 使用以項鍊、服飾 裝飾為主。		15		
C-1-4-9-3	參、綜合活動 進行分組活動，教師 發給琉璃珠拼圖，請 學生各組拼出圖案， 並說出名稱。 【第三節結束】	小組合作	10		小組成果

（二）學習單

琉璃珠的傳說

琉璃珠的名稱：

請在下方框中畫出琉璃珠的圖樣	寫出琉璃珠圖樣的特色
寫出琉璃珠的傳說	

單元一：井裡的小青蛙

（一）教學活動設計

學習領域	語文領域	課程設計	黃靜惠
單元名稱	單元二【不一樣的體驗】	授課時數	120 分鐘
教學單元	井裡的小青蛙	學習對象	三年級
教材來源	童詩：井裡的小青蛙		
教學方法	講述教學法、問答法、合作學習		
教學評量	學習單、口頭問答		
能力指標	B-1-2-7-4 能有條理的掌握聆聽到的內容。 C-1-1-3-8 能清楚說出自己的意思。 E-1-2-1-1 能讀懂課文內容，了解文章的大意。 E-1-2-9-5 能提綱挈領，概略了解課文的內容與大意。 F-1-1-2-2 能在口述作文和筆述作文中，培養豐富的想像力。 F-1-7-1-1 能認識並練習使用標點符號。 F-1-3-4-2 能認識並練習寫作簡單的記敘文和說明文。 F-1-6-3-1 能概略知道寫作的步驟。 F-1-8-2-1 能分辨並欣賞文章中的修辭技巧。		

教學活動設計

教學評量	教學活動		時間	教學資源	學習效果評量
	教師活動	學生活動			
	【第一節開始】			童詩：井裡的小青蛙 電腦 投影機 相關網站	
	壹、準備活動				
	一、教師蒐集資料並製作教具				
	1.投影片製作				
	2.製作學習單				
	貳、發展活動				
C-1-1-3-8	一、引起動機				
	請小朋友分享曾經抓青蛙的經驗	學生發表	8	成語 PPT	參與討論
	二、主要活動				
E-1-2-9-5	1. 童詩猜一猜。	學生回答	5		參與討論
	2. 閱讀童詩：井裡的小青蛙。		10		
E-1-2-1-1	3. 童詩欣賞。		10		
	參、綜合活動				
B-1-2-7-4	引導學生說出閱讀後感想				
	【第一節結束】	學生回答	7		參與討論
	【第二、三節開始】				
	壹、準備活動				
C-1-1-3-8	你會模仿青蛙的聲音嗎？	學生發表	5		口頭問答
	貳、發展活動				
	一、介紹童詩的寫法：		25		
F-1-7-1-1	(一) 寫詩要分行：				
F-1-6-3-1	(二) 寫詩要分段：				
F-1-8-2-1	(三) 寫詩盡量少用連				

		接詞，如：因為、所以、然後、接著、可是、而且等等……：			
		(四) 寫詩要巧妙地運用標準符號： 寫詩，標點符號可有可無。不加標點符號，既不會影響詩的美感，又可以讓詩句更清爽。不過，有時候，在適當的地方，巧妙的加上標點符號，反而會增加詩的語氣與意境。			
F-1-3-4-2 F-1-1-2-2	二、進行童詩仿作：			30	學習單
C-1-1-3-8	三、成語猜猜看： 參、綜合活動	學生發表	10		口頭問答
C-1-1-3-8	歸納複習童詩的寫法 【第二、三節結束】	學生發表	5		口頭問答

（二）學習單

童詩欣賞

詩的名字：井裡的小青蛙　　　　　　　　　　作者：林武憲 一個古井裡，住著一隻小青蛙， 除了睡覺吃東西，只會呱呱呱， 小青蛙吃飽了， 就拍著肚子說大話： 「哎呀！我的媽！這個小地方就是我的家？」 天—只有井口大；地—只有水一窪 過幾天，我長大， 這世界會連我的肚子都裝不下！」
【感想】你喜歡這首詩嗎？為什麼？
小朋友：請背下這首詩，並試著改寫看看！ 開始這個遊戲吧！ 題目：（　　　　　　　） 一個（　　　　　　　）裡，住著一隻（　　　　　　　）， 除了（　　　　　）吃東西，只會（　　　　　　）， （　　　　　　　）吃飽了， 就拍著肚子（　　　　　）： 「哎呀！（　　　）！這個（　　　）就是（　　　　）？」 （　　　　）一只有井口大；（　　　　）一只有水一窪 過幾天，（　　　　　）， （　　　　　　　）會連我（　　　　　　　）！」

【說明】小朋友：不適用的句型可以自行修改喔！

單元二：排灣族的婚禮

（一）教學活動設計

學習領域	語文領域	課程設計	黃靜惠
單元名稱	單元三【真摯的情意】	授課時數	80 分鐘
教學單元	排灣族的婚禮	學習對象	三年級
教材來源	影片：排灣族傳統婚禮舞蹈		
教學方法	講述教學法、問答法、合作學習、影片欣賞		
教學評量	小組發表、學習單、口頭問答		
能力指標	B-1-2-7-4 能有條理的掌握聆聽到的內容。 C-1-1-3-8 能清楚說出自己的意思。 C-1-1-4-9 能清楚覆述所聽到的事物。 C-1-4-9-3 能依主題表達意見。 E-1-2-1-1 能讀懂課文內容，了解文章的大意。 E-1-2-6-4 能從閱讀過程中，了解不同文化的特色。 E-1-2-9-5 能提綱挈領，概略了解課文的內容與大意。 F-1-4-6-2 能寫出自己身邊或與鄉土有關的人、事、物。 F-1-1-2-2 能在口述作文和筆述作文中，培養豐富的想像力。 F-1-7-1-1 能認識並練習使用標點符號。		

教學活動設計

教學評量	教學活動		時間	教學資源	學習效果評量
	教師活動	學生活動			
	【第一節開始】			排灣婚禮	
	壹、準備活動			相片	
	一、教師蒐集資料並製作			排灣族婚	
	教具			禮影片	
	1. 蒐集排灣族傳統婚			電腦	
	禮相關資料			投影機	
	2. 投影片製作			相關網站	
	3. 製作學習單				
	貳、發展活動				
C-1-1-3-8	一、引起動機				
C-1-4-9-3	請小朋友分享曾經看				
E-1-2-6-4	過的排灣婚禮經驗	學生發表	8		參與討論
E-1-2-1-1	二、主要活動				
	1. 介紹排灣婚禮。		10		
	2. 看排灣婚禮影片。		15		
B-1-2-7-4	參、綜合活動				
	引導學生說出影片中				
	關於排灣族婚禮的儀	學生回答	7		參與討論
	式				
	【第一節結束】				
	【第二節開始】				
	壹、準備活動				
C-1-4-9-3	師生討論不同婚禮經	學生發表	7		口頭問答
	驗				
	貳、發展活動				
E-1-2-9-5	一、介紹排灣族的婚禮		25		
	(一) 求婚：				
	(二) 送採薪禮：				

	(三) 豎鞦韆架：				
	(四) 送聘禮：				
	(五) 成婚：				學習單
F-1-4-6-2	二、記錄在學習單上。				
	參、綜合活動				
F-1-1-2-2	引導學生說出排灣族	學生回答			學習單
F-1-7-1-1	婚禮的流程		8		
	【第二節結束】				

（二）學習單

婚禮進行曲

姓名：

請簡單的寫出排灣族的婚禮流程
你最喜歡哪一個婚禮流程?為什麼？

單元三：排灣族婚禮（3-2）

看圖說故事：

單元四：美麗的南仁湖

（一）教學活動設計

學習領域	語文領域	課程設計	黃靜惠
單元名稱	單元四【美麗的大地】	授課時數	80 分鐘
教學單元	美麗的南仁湖	學習對象	三年級
教材來源	南仁湖生態介紹		
教學方法	講述教學法、問答法、合作學習		
教學評量	小組發表、心得、口頭問答		
能力指標	B-1-2-7-4 能有條理的掌握聆聽到的內容。 C-1-1-3-8 能清楚說出自己的意思。 C-1-1-4-9 能清楚覆述所聽到的事物。 C-1-4-9-3 能依主題表達意見。 E-1-2-1-1 能讀懂課文內容，了解文章的大意。 E-1-3-1-1 能培養閱讀的興趣，並培養良好的習慣和態度。 F-1-1-2-2 能在口述作文和筆述作文中，培養豐富的想像力。 F-1-6-3-1 能概略知道寫作的步驟。 F-1-7-1-1 能認識並練習使用標點符號。		

教學活動設計

教學評量	教學活動		時間	教學資源	學習效果評量
	教師活動	學生活動			
	壹、準備活動			南仁湖相片	
	一、教師蒐集資料並製作教具			電腦	
	(一) 蒐集南仁湖相關資料。			投影機	
	(二) 投影片製作。			相關網站	
	貳、發展活動			閱讀短文	
C-1-1-3-8	一、引起動機				
	請小朋友分享曾經去南仁湖情形。	學生發表	10		參與討論
	二、主要活動				
E-1-2-1-1	(一) 介紹南仁湖景觀與圖片。		10		
F-1-1-2-2	(二) 看圖說話	學生回答	20		參與活動
	步驟：				
	1. 收集「看圖說話」。				
	2. 將圖、文分別剪開。				
	3. 先選自己喜歡的圖，再找出文字。				
E-1-3-1-1	三、支援前線讀短文	學生發表	40		口頭問答
F-1-6-3-1	(一) 各組發不同短文閱讀				
	(二) 支援前線				
F-1-7-1-1	四、作文：旅遊心得	學生發表	40		作文

（二）學習單

國家圖書館出版品預行編目

「文化回應教學」與國小讀寫課程設計 / 黃靜惠著.
　一版. -- 臺北市：秀威資訊科技, 2010.02
　　面；　公分. -- (社會科學類；AF0127)
(東大學術；21)
BOD 版
參考書目：面
ISBN 978-986-221-394-0 (平裝)

1.課程規劃設計　2.教學設計　3.語文教學
4.九年一貫課程

523.41　　　　　　　　　　　　　99000938

社會科學類　　AF0127

東大學術㉑

「文化回應教學」與國小讀寫課程設計

作　　者 / 黃靜惠
發 行 人 / 宋政坤
執行編輯 / 林泰宏
圖文排版 / 黃莉珊
封面設計 / 蕭玉蘋
數位轉譯 / 徐真玉　沈裕閔
圖書銷售 / 林怡君
法律顧問 / 毛國樑　律師
出版印製 / 秀威資訊科技股份有限公司
　　　　　　台北市內湖區瑞光路 583 巷 25 號 1 樓
　　　　　　電話：02-2657-9211　　　　傳真：02-2657-9106
　　　　　　E-mail：service@showwe.com.tw
經 銷 商 / 紅螞蟻圖書有限公司
　　　　　　台北市內湖區舊宗路二段 121 巷 28、32 號 4 樓
　　　　　　電話：02-2795-3656　　　　傳真：02-2795-4100
　　　　　　http://www.e-redant.com

2010 年 2 月 BOD 一版
定價：250 元

讀　者　回　函　卡

感謝您購買本書，為提升服務品質，煩請填寫以下問卷，收到您的寶貴意見後，我們會仔細收藏記錄並回贈紀念品，謝謝！

1. 您購買的書名：_____

2. 您從何得知本書的消息？

　　□網路書店　　□部落格　　□資料庫搜尋　　□書訊　　□電子報　　□書店

　　□平面媒體　　□ 朋友推薦　　□網站推薦　　□其他_____

3. 您對本書的評價：(請填代號　1.非常滿意 2.滿意 3.尚可 4.再改進)

　　封面設計____　版面編排____　　內容____　　文/譯筆____　　價格____

4. 讀完書後您覺得：

　　□很有收獲　　□有收獲　　□收獲不多　　□沒收獲

5. 您會推薦本書給朋友嗎？

　　□會　　□不會，為什麼？_____

6. 其他寶貴的意見：_____

　　_____

　　_____

　　_____

讀者基本資料

姓名：_____　　年齡：_____　　性別：□女 □男

聯絡電話：_____　　E-mail：_____

地址：_____

學歷：□高中(含)以下　　□高中　　□專科學校　　□大學

　　　□研究所(含)以上 □其他_____

職業：□製造業 □金融業 □資訊業 □軍警 □傳播業 □自由業

　　　□服務業 □公務員 □教職　　□學生 □其他_____

(請沿線對摺寄回,謝謝!)